GESTÃO DE
MUDANÇAS
encare a mudança de outro jeito

ADMINISTRAÇÃO REGIONAL DO SENAC NO ESTADO DE SÃO PAULO

Presidente do Conselho Regional: Abram Szajman
Diretor do Departamento Regional: Luiz Francisco de A. Salgado
Superintendente Universitário e de Desenvolvimento: Luiz Carlos Dourado

EDITORA SENAC SÃO PAULO

Conselho Editorial: Luiz Francisco de A. Salgado
Luiz Carlos Dourado
Darcio Sayad Maia
Lucila Mara Sbrana Sciotti
Jeane dos Reis Passos

Gerente/Publisher: Jeane dos Reis Passos (jpassos@sp.senac.br)
Coordenação Editorial: Márcia Cavalheiro Rodrigues de Almeida (mcavalhe@sp.senac.br)
Comercial: Marcelo Nogueira da Silva (marcelo.nsilva@sp.senac.br)
Administrativo: Luís Américo Tousi Botelho (luis.tbotelho@sp.senac.br)

Edição de Texto: Rafael Barcellos Machado
Preparação de Texto: Jeferson Ferreira
Revisão de Texto: Gabriela Lopes Adami (coord.), Karina A. C. Taddeo, Carolina H. Castelani e
Mariana B. Garcia
Editoração Eletrônica: Sandra Regina dos Santos Santana
Capa: Ana Ilieva Foreman
Impressão e Acabamento: Intergraf Indústria Gráfica Eireli

Título original: *The Change Book: Change the Way You Think About Change*

Publicado mediante acordo com a Association for Talent Development,
Alexandria, Virgínia, Estados Unidos da América

Todos os direitos desta edição reservados à
Editora Senac São Paulo
Rua Rui Barbosa, 377 – 1º andar – Bela Vista – CEP 01326-010
Caixa Postal 1120 – CEP 01032-970 – São Paulo – SP
Tel. (11) 2187-4450 – Fax (11) 2187-4486
E-mail: editora@sp.senac.br
Home page: http://www.editorasenacsp.com.br

Dados Internacionais de Catalogação na Publicação (CIP)
(Jeane dos Reis Passos – CRB 8ª/6189)

Emerson, Tricia
Gestão de mudanças: encare a mudança de outro jeito / Tricia Emerson, Mary Stewart; tradução de Andre Botelho. -- São Paulo : Editora Senac São Paulo, 2015.

Título original: The change book: change the way you think about change.
ISBN 978-85-396-0867-6

1. Gestão de mudanças 2. Mudança organizacional I. Stewart, Mary. II.Título.

15-311s

CDD – 658.406
BISAC BUS000000
BUS020000

Índice para catálogo sistemático:

1. Gestão de mudanças   658.406

GESTÃO DE MUDANÇAS
encare a mudança de outro jeito

Tricia Emerson
Mary Stewart

Tradução de Andre Botelho

Editora Senac São Paulo – São Paulo – 2015

SUMÁRIO

Nota à edição brasileira	**vii**
Prefácio	**viii**
Apresentação	**x**
Agradecimentos	**xii**
PARTE 1: Contexto	**1**
O que é gestão de mudanças	2
Escolha a posição	7
Visão: tem que ser real!	10
Coloque o "Por quê?" em um contexto	15
A receita da mudança	17
Qual o nível da mudança?	18
Preciso de uma mensagem?	23
PARTE 2: Liderança e equipes	**34**
"Vamos ouvir um recado do nosso patrocinador..."	36
Exército de um homem só	40
A equipe tem as pessoas certas?	45
Não esqueça a cenoura	48
PARTE 3: Estrutura	**54**
A estrutura permite mudanças	56
Alinhe a estrutura	58
Quatro verdades sobre estruturas organizacionais	63
PARTE 4: Resistência	**68**
Os sabotadores	70
Um estado de confusão	78
As pessoas preferem o que é previsível	85
Somos pré-programados para resistir às mudanças	88
Mude de ideia	92

PARTE 5: Cultura — 96

É a cultura, seu tonto! — 98

Especialista em subculturas — 108

PARTE 6: Branding — 116

Crie sua marca com muito cuidado — 118

Símbolos são importantes — 124

Enfrentando os símbolos preexistentes — 130

PARTE 7: Comunicação — 134

Comunicação para principiantes — 137

A grande mudança — 143

Não comunicar é um tipo de comunicação — 147

Mas eu já disse isso! — 151

Esteja disposto a dizer as coisas difíceis — 157

Pegadinhas da comunicação — 161

PARTE 8: Oportunidade — 164

O momento da virada — 167

Não tenha medo de envolver a massa — 172

A psicologia do endosso — 174

Emoção: faz parte da história — 179

Faça um mapeamento — 186

Os stakeholders se cansam — 190

PARTE 9: Avaliação — 194

Se uma "mudança" aconteceu no meio de uma floresta e ninguém a avaliou, ela realmente aconteceu? — 197

PACE: avalie seu ritmo — 204

Sobre as autoras — 208

NOTA À EDIÇÃO BRASILEIRA

Este livro é um guia rápido de consulta e referência para quem deseja implementar uma iniciativa de mudança organizacional com suavidade e leveza. De maneira dinâmica, as autoras Tricia Emerson e Mary Stewart dividem com o leitor suas perspectivas sobre temas como resistência, comunicação e cultura, propondo reflexões e analisando exemplos de como as coisas deram certo – ou errado – em situações reais do dia a dia empresarial. Do mesmo modo, elas compartilham dicas para motivar os colaboradores e até conquistar o apoio daqueles que são resistentes à transição; propõem ideias de como usar a própria cultura organizacional para apoiar a mudança; apresentam recursos para divulgar a iniciativa como uma solução desejável, previsível e segura; e indicam muitas outras ferramentas e sugestões para todas as etapas do processo de transição.

Seja você um profissional experiente na condução de iniciativas de mudança, seja um líder que está dando os primeiros passos nesse domínio, aqui você encontrará dicas e recomendações que o ajudarão a encarar a transição sob outro prisma e fazer escolhas ponderadas para lidar com sua equipe.

PREFÁCIO

Você é um **GESTOR DE MUDANÇAS**. Você lida com mudanças organizacionais, grandes ou pequenas, todos os dias. Mas mudar é difícil e, algumas vezes, mesmo os melhores entre nós caem em um beco sem saída.

Escrevemos este livro para pessoas como nós: profissionais experientes, com pouco tempo disponível, que buscam formas de se tornarem mais eficazes na gestão de mudanças. Os *insights* neste livro foram concebidos para lhe ajudarem quando você empacar. Eles tratam de pegadinhas: aquele conhecimento que vem depois de você suar bastante e bater muito a cabeça. Eles podem lhe dar uma vantagem inicial em termos de criatividade, apontando uma nova ideia, lembrando algo que funcionou no passado, ou apenas mudando sua perspectiva.

Além de viver as mudanças, de tempos em tempos você deverá articular a necessidade de gerir essas mudanças. Este livro apresenta algumas ideias e conceitos simples que ilustram tais necessidades, mostrando alguns métodos de mudança para você, seus clientes, suas equipes e seus líderes.

Gestão de mudanças é simples. Nossos capítulos foram escritos para serem curtos e de fácil compreensão. Cada um deles contém apenas um pedacinho de sabedoria, obtido com anos de experiência em consultoria de gestão de mudanças.

Gestão de mudanças é flexível. Abra o livro em qualquer capítulo! Não é necessário começar na página 1; veja o sumário e escolha o que lhe interessa. Cada capítulo é independente, portanto, leia um deles ou leia todos, na ordem que preferir.

Gestão de mudanças é útil. De tempos em tempos, um capítulo irá apresentar algumas sugestões:

 Este ícone indica uma sugestão de leitura em outro capítulo relacionada com o assunto atual.

 Quer aprender mais? Este ícone indica livros, artigos e sites que podem lhe ajudar a se aprofundar e a saber mais sobre o assunto.

APRESENTAÇÃO

Empresas e organizações dinâmicas rejuvenescem. Elas mudam. Produtos, serviços, clientes, funcionários, sistemas... Nada é permanente. Alguém disse que as empresas devem seguir o modelo do corpo humano – é sabido que o corpo substitui suas células a cada sete anos. Portanto, se a mudança é cíclica, por que não fazê-la de um jeito bem feito?

A mudança é estressante, tanto para o indivíduo quanto para a organização, e pessoas e organizações não têm um bom desempenho quando estão sob estresse constante. Este livro tem uma característica única: ele foca no desempenho humano, assim como nos fatores que provocam o estresse, e que você nunca nota. Ele dá sugestões de como renovar e manter o desempenho durante a mudança e de como obter compreensão verdadeira em momentos caóticos. Os desempenhos individuais e organizacionais têm diversos aspectos – e justamente aí está a dificuldade para a gestão. É por isso que você precisa de ajuda.

Este livro trata da essência da mudança de forma divertida. Há muita coisa nestas pequenas páginas, e os axiomas aqui apresentados fazem todo o sentido. Mudar é difícil, mas esta obra reforçará o que é velho, mostrará o que é novo, e lhe indicará as pegadinhas no meio do caminho.

Mas com tanta mudança, lembre-se das coisas que permanecem iguais: os valores da sua empresa e os princípios fundamentais que orientam a relação entre as pessoas e a sua organização, por exemplo. Eles permanecem os mesmos, porém, tais valores e princípios devem ser reforçados, reexaminados, e um novo compromisso com eles deve ser assumido para que o período estressante de mudança seja superado. Eles serão seu norte. É por isso que estes profissionais de mudança do desempenho humano dão tanta importância para a cultura da empresa.

Estas autoras já passaram por mudanças muitas e muitas vezes. Elas já entenderam como funciona. Agora, você também poderá entender.

Carla J. Paonessa
Ex-sócia-gerente global para a mudança
Accenture

AGRADECIMENTOS

Em um certo inverno, nossa equipe de vinte pessoas aproveitou um período de inatividade para sentar ao redor de uma mesa e conversar sobre nossas experiências com os clientes. Percebemos que aquela calmaria em nossa habitual carga de trabalho era uma excelente oportunidade para compilar as coisas que o grupo (um dos melhores nesta área) sabia a respeito de mudança.

O grupo então decidiu enfrentar o desafio e "fazer um samba" com sua própria experiência. "Não escreva os fundamentos", disse Trish. "Escreva para os outros como você escreve para si mesmo: uma pessoa com pouco tempo disponível, com pouca atenção disponível, mas com muita experiência." Então Mary conseguiu ligar os pontos e criar algo a partir disso.

Este livro é o resultado desse trabalho. Nós trabalhamos nele todos os meses durante as reuniões da empresa em um período de dois anos, e periodicamente entre as reuniões. E embora forma e conteúdo tenham avançado durante esse tempo, a parte mais importante não existiria se não fosse pelos esforços dos seguintes contribuidores:

Farrow Adamson	**Rebecca Spiros**
Vicky Cavanaugh	**Mark Webster**
Darby Davenport	**Yvette Tam,** *Designer*
Hastie Karger	**Ramiro Alonso,** *Ilustrador*
Kim Lewis	**Carol Irvine,** *Fotógrafa*
Bettina Rousos	**Genevieve Shiffrar,** *Fotógrafa*

Agradecemos a essas pessoas e a toda a equipe da Emerson Human Capital por todas as suas contribuições, a sua fé e a sua diligência, especialmente quando também estavam envolvidos em obrigações com os clientes. Trabalhar com eles continua sendo uma de nossas maiores alegrias!

Trish Emerson e Mary Stewart

PARTE 1
Contexto

O que é gestão de mudanças?

A "mudança" é uma tentativa de aproveitar o benefício de uma oportunidade

O evento que desencadeia a mudança pode ser a adoção de uma nova estratégia, tecnologia, organização ou habilidade. Na melhor das hipóteses, esse evento pode ser uma oportunidade para alcançarmos o sucesso; se tivermos sorte, manteremos o *status quo* e, na pior das hipóteses, falharemos.

A "gestão" tem como foco o desempenho humano

Se um só elemento for negligenciado, todo o sistema de desempenho entra em colapso.

ESTRATÉGIA: Qual é o grande objetivo e a direção para onde aponta esta iniciativa? Como será feita a gestão desta mudança?

INTERNALIZAÇÃO: Quais mudanças de hábito são esperadas?

FOCO: A atenção das pessoas foi adequadamente atraída para a mudança?

SUSTENTABILIDADE: Que infraestrutura garante a continuidade da mudança?

É preciso tratar de todos esses elementos, tanto no nível individual quanto no nível organizacional.

GESTÃO DE MUDANÇAS

Ajudar organizações a capturar o benefício de uma oportunidade influenciando o desempenho humano.

Escolha a posição

Há três formas de posicionar a mudança

A PONTE: Faça o resultado esperado ser o resultado padrão

Atraia as pessoas. Faça com que abandonem o sistema antigo. Desative o sistema antigo. Exponha os fatos e ofereça opções dentro dessa estrutura.

A COBRA: Compare a mudança com algo mais assustador

Exemplo | Você está pensando em comprar uma passagem para Fernando de Noronha, mas ela custa R$ 1.200,00 – sem chance! Porém, você consulta uma outra companhia aérea e vê que a mesma passagem está sendo vendida por R$ 2.000,00. Sendo assim, você paga os R$ 1.200,00 e fica muito feliz.

Exemplo relacionado à mudança | Nossos concorrentes fazem o fechamento em quatro dias. Nossos novos processos permitem que isso aconteça aqui em apenas dois dias. Tudo é uma questão de perspectiva.

POSIÇÃO 3

O CACHORRO SE ESPREGUIÇANDO: Apresente a mudança em um contexto negativo

Mensagens negativas criam um maior senso de urgência.

SE VOCÊ APRESENTAR AS ESCOLHAS COMO:

Ganhos | As pessoas escolherão a opção com o menor risco.
Perdas | As pessoas escolherão a opção com o maior risco.

Em vez de | Estamos nos reorganizando para termos excelência operacional!
Diga | Precisamos nos reorganizar para que vocês não sejam demitidos.

A "FALA MANSA" É CONFORTÁVEL, MAS A CIÊNCIA MOSTRA QUE O MEDO DA PERDA LEVA À AÇÃO. QUER IMPACTO? CRIE UM SENSO DE URGÊNCIA.

---

referência | Isso se baseia na teoria da perspectiva (ou teoria do prospecto) de Kahneman e Tversky.

Visão: tem que ser real!

ESTE HOMEM PRECISA DE VISÃO.

Todo mundo sabe que é necessário ter visão, pois ela cria um entendimento compartilhado do futuro desejado. Porém, para que haja um comprometimento verdadeiro, é preciso trazer aquela visão elevada para o mundo real.

Você sabe que quer ir até a Lua... mas como vai chegar lá?

1. O que iremos fazer para atingir nossa visão? Pense nas táticas.
2. Por que estamos fazendo isso? Tem que ser algo desejável.
3. Imagine a situação. O que você visualiza? O que terá de ser feito a mais? E o que deixará de ser feito? Comece pensando no que terá de ser feito de modo diferente já no primeiro dia após a mudança. Personalize.
4. Como nós iremos saber que chegamos lá? Quais são nossos indicadores de progresso?

Sua visão precisa de um bom "Por quê?": pág. 14

"Visão sem ação é um sonho.
Ação sem visão é apenas um passatempo.
Mas visão com ação é um sonho a ser realizado."

– ANÔNIMO

Coloque o "Por quê?" em um contexto

A maioria dos projetos não contextualiza a necessidade de mudança de forma significativa. E quando o fazem, normalmente justificam-na apenas para os executivos do conselho diretor, não para as diversas partes da organização.

Para obter apoio, é necessário que haja um entendimento compartilhado da importância da mudança. Nós devemos criar essa visão – construir um senso de urgência.

Comece respondendo a estas perguntas:
- O que ganharemos?
- Se não mudarmos, quais são as consequências?
- Quais são as consequências de curto prazo?
- Quais são as consequências de longo prazo?
- Como podemos amplificar o senso de urgência da mudança?

Pense nos participantes-chave e contextualize a necessidade de mudança de forma que faça sentido para todos eles. Sem uma contextualização significativa, o projeto irá patinar muito até ganhar força. Simples assim.

Assim que conseguir, crie uma marca: pág. 118

A receita da mudança

GANHE UMA SABOROSA VANTAGEM...
COM OS INGREDIENTES CORRETOS

Tempo de preparo *6 meses*

Modo de preparo

Ingredientes

Insatisfação fresca
1 xícara de visão (contém otimismo)
1 dose de estratégia
1 broto de conhecimento sobre os negócios
Boa quantidade de expertise
1 xícara de gestão de projetos
2 pacotes de comunicação
1 pitada generosa de valores compartilhados
1 patrocinador (pelo menos 1 com credibilidade)
1 dúzia de stakeholders
1 punhado de crenças
1 pitada de inspiração
1 maço de hábitos esperados
Reconhecimento a gosto

1. Preaqueça a insatisfação até levantar fervura. Então mantenha em temperatura média.
2. Junte ao menos 1 patrocinador à visão, adicione os stakeholders e misture até que esteja consistente.
3. Adicione cuidadosamente a estratégia e em seguida adicione 1 pacote de comunicação.
4. Adicione a gestão de projetos ao conhecimento sobre os negócios e a *expertise*.
5. Adicione então o segundo pacote de comunicação.
6. Bata rapidamente as crenças e os valores e, em seguida, adicione a inspiração para animar os usuários finais.
7. Transfira os hábitos esperados para os usuários finais.
8. Tempere com reconhecimento a gosto.

Serve esforços de mudança altamente palatáveis

Qual o nível da mudança?

Escolha um organismo

A ABELHA *representa a mudança transacional.*
Mudança na capacidade do negócio, na forma como as pessoas executam as tarefas. As pessoas devem mudar seus hábitos e sua postura. Não há grande resistência por causa da cultura – você não irá remar contra a maré. São necessários esforços relativamente menores de gestão de mudanças.

A FLOR *representa a mudança operacional.*
Mudança no modo de operar seu negócio. As pessoas precisam mudar a forma de trabalhar e de encarar suas atividades. Elas têm de começar a agir e se comunicar de um jeito novo. Você precisa de grandes esforços de gestão de mudanças.

A BORBOLETA *representa a mudança transformacional.*
Alguns chamam isso de mudança de paradigmas. É uma alteração irreversível no *status quo*. É radical, envolve diversos níveis e aspectos. É uma mudança na sua forma de existir como negócio, na opinião que as pessoas têm de si mesmas e de seu trabalho. Você está mudando a realidade das pessoas. É necessário que elas modifiquem suas percepções, crenças, que se identifiquem com seu trabalho de uma nova forma. Você precisa de uma profunda gestão de mudanças.

NÍVEL DA MUDANÇA
O NÍVEL TRANSACIONAL, OPERACIONAL OU TRANSFORMACIONAL IRÁ DETERMINAR A PROFUNDIDADE E A ESCALA DOS ESFORÇOS NECESSÁRIOS PARA A GESTÃO DE MUDANÇAS. INVISTA ADEQUADAMENTE EM RECURSOS. UMA GRANDE MUDANÇA ENVOLVE GRANDES PENSADORES, GRANDES SOLUÇÕES E MUITA ENERGIA.

NÍVEL DA MUDANÇA	EXEMPLOS	NÍVEL DA GESTÃO DE MUDANÇAS	EXEMPLOS
TRANSACIONAL	Sua empresa está introduzindo um novo item na linha de produtos.	Menor	Um patrocinador-chave. Comunicados internos. Treinamento focado apenas em vendas e marketing.
OPERACIONAL	Sua organização está implementando um software de gestão (ERP) em todas as unidades de negócios.	Maior	Patrocinadores em todas as unidades de negócios. Equipe dedicada de agentes da mudança. Patrocínio e planos de comunicação multiníveis. Treinamento intensivo do usuário final. Suporte e transição.
TRANSFORMACIONAL	Sua empresa foi comprada por outra empresa com cultura e identidade completamente diferentes, e eles irão mudar totalmente o seu modelo de negócios.	Profundo	Esforço de patrocínio por todos. Mapeamento da cultura e transição. Recriação de marca e esforços de marketing. Redefinição do negócio e dos cargos. Plano extenso de aceitação e comunicação, incluindo públicos externos. Treinamento para todos os funcionários, novos e afetados. Plano de transição de longo prazo.

Preciso de uma mensagem?

Boa pergunta.
O que você acha?

Se você perguntar a três patrocinadores do que se trata a mudança, eles saberiam descrevê-la de forma condizente?

Você consegue desmembrar a sua estratégia em três ou quatro pontos principais?

Você sabe quem é o seu público-alvo?

Você está compartilhando a sua estratégia ou aquilo que o seu público-alvo realmente precisa ouvir?

Você está utilizando os fatos corretos? Reforçando as analogias corretas?

Você está alinhado em termos de cultura?

Certo, então, o que é a mensagem?

Uma mensagem bem feita é a peça fundamental de qualquer plano de comunicação.

Ela é curta, simples e fácil de lembrar.

A mensagem é uma visão geral muito abrangente, o resumo de tudo compilado em um argumento simples e convincente.

É fácil de ser visualizada. São três ou quatro pontos principais que podem ser explicados por meio de um diagrama triangular ou quadrado. Esse diagrama vai ajudá-lo a lembrar daquilo que é necessário para atingir seu público-alvo – estratégia muito usada por políticos!

Esses pontos principais são complementados por palavras-chave, citações ou fatos.

AINDA NÃO ENTENDI.

Imagine que as mensagens são como nacos de carne usados para distrair o cão de guarda.

Elas são seus melhores argumentos: atraem a atenção das pessoas, tratam de uma questão urgente, refutam fragilidades perceptíveis e reforçam os pontos positivos.

Elas dão acesso ao tesouro: o apoio dos stakeholders (seus votos, suas negociações, seu apoio financeiro – ou sua boa vontade).

Estou pronto.
O que eu faço agora?

Reúna as pessoas-chave.

Discuta as estratégias e os objetivos de seu projeto.

Resuma tais objetivos em palavras-chave.

Analise a cultura de sua empresa.

Entenda o seu público-alvo.

Faça uma avaliação honesta das possíveis consequências boas, ruins e péssimas que o seu projeto possa gerar.

Faça uma lista com os resultados da discussão: ela conta uma história? É apenas a sua estratégia? É apenas um anúncio?

Utilize um modelo de desenvolvimento da mensagem para focar nos objetivos, pontos positivos e desafios de seu projeto.

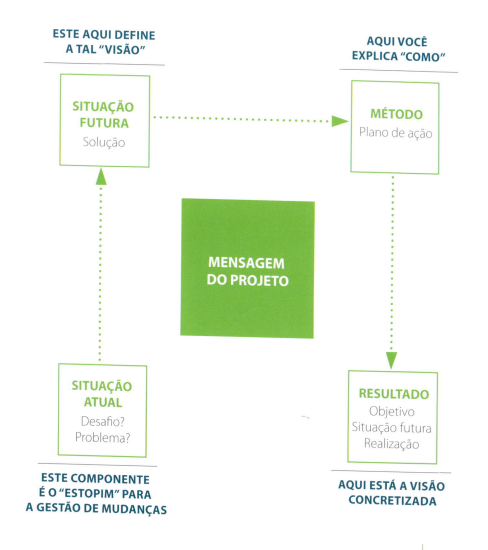

REVOLUÇÃO

Transformação da nossa marca

Atendimento das (novas) necessidades de nossos hóspedes

Redefinição de alimentos e bebidas, espaços públicos, tecnologias e outras opções

Palavras-chave: transformação, solução, modernização, renovação

Exemplos: inteligente, contagiante, opções

CONEXÃO

Compartilhar a implementação e **abraçar** a solução

Investir em ferramentas

Coletar comentários na fase de testes

Palavras-chave: diálogo, hotéis equipados, processo de ponta a ponta, checklist de implementação

Fatos: consultores presentes desde oito dias antes até três dias após a mudança, cinco treinamentos com almoço

"RENOVAR" O NEGÓCIO

Exemplo de uma rede de hotéis

AMEAÇAS

Mudança das necessidades dos hóspedes

Crescimento do cenário competitivo

Evolução das condições de mercado

Palavras-chave: desafio, evolução, pioneirismo, esgotamento de marca, deslizes

Fatos: Queda da RevPar de 126 para 122, notas baixas em 20 das 22 categorias de pesquisa de satisfação

CONEXÃO

Liderar equipes

Crescer na carreira

Atender hóspedes

Palavras-chave: produto competitivo, mais oportunidades, cuidado com os hóspedes, novas habilidades

Exemplos: rentabilidade do hotel, expediente de trabalho

Temos uma mensagem!
Como podemos saber se ela é boa?

Revise a mensagem. Uma boa mensagem:
- não é um tratado sobre tudo o que a organização/o projeto faz;
- não é o problema que ela busca resolver;
- não é tudo para todos;
- não é apenas uma marca ou um slogan;
- não é apenas positiva.

Portanto, deixe-a rolar e preste muita atenção.

Sua mensagem não está boa se você:
- tem que sair do tema com frequência;
- sempre tem que rebater críticas;
- precisa tratar de assuntos que não estão relacionados à mensagem principal.

Cuidado com símbolos: pág. 124
Comunicação para principiantes: pág. 137

PARTE 2
Liderança e equipes

"Vamos ouvir um recado do nosso patrocinador..."

Um patrocinador é fundamental em todas as iniciativas que visam a uma mudança. Ele aponta para o objetivo no horizonte, abre caminho, dá energia e mantém todos no rumo certo. O patrocinador é o coração da mudança.

 Pronto para começar a falar? Há três formas de posicionar a mudança: pág. 7

---

[1] N. do E.: *"The buck stops here!"* era o slogan que o presidente dos Estados Unidos, Harry S. Truman, mantinha sobre sua mesa (foto). A frase faz referência a outra expressão, "buck passing" (passar o bastão), usada para indicar que alguém passou a outra pessoa uma responsabilidade que era sua. Com seu slogan, o presidente Truman queria dizer que o bastão parava nele, ou seja, suas responsabilidades não eram passadas para outros.

37

O QUE O SEU PATROCINADOR DIZ?

"Eu sei aonde devemos chegar."

Um bom patrocinador deve ter a habilidade de explicar e divulgar uma visão convincente do futuro.

"Estou muito animado!"

Um bom patrocinador participa de livre e espontânea vontade. Ele está genuinamente interessado em ver o sucesso da mudança.

"Estou dentro!"

Um bom patrocinador tem força e capital político para ser responsabilizado pelos resultados do projeto.

"Vou fazer acontecer."

Um bom patrocinador tem força para tomar as decisões necessárias e alocar recursos.

"Deixa comigo."

Um bom patrocinador tem bons relacionamentos e é influente o suficiente para convencer outros líderes a investirem recursos e tempo.

"Você sabe que eu não lhe induziria ao erro."

Um bom patrocinador é respeitado pelos funcionários.

CONSEGUIU UM PATROCÍNIO?

Algumas organizações procuram patrocínio em níveis muito elevados e tarde demais. Se o projeto tiver sucesso, o patrocinador se torna um herói. Se não der certo, o patrocinador vira um bode expiatório.

Para que o seu patrocinador possa se tornar um herói, estabeleça métricas. Negocie essas métricas para cada categoria antes de iniciar o projeto – quantidade de recursos, comunicados ou eventos, frequência mínima nos treinamentos, número de funcionários "certificados" e variações mensuráveis nos níveis de satisfação ou produtividade. Avalie as métricas ao longo do processo e faça ajustes se não forem realistas.

DIAGNÓSTICO DO PATROCÍNIO

RECURSOS. O patrocinador garantiu investimentos adequados para o projeto? Os recursos foram disponibilizados junto das habilidades necessárias e em quantidade adequada?

ALINHAMENTO DA ORGANIZAÇÃO. O patrocinador está "abrindo alas" para o sucesso do projeto? Há outras iniciativas conflitantes ou competindo com a sua? Há outras mensagens de outros executivos que possam minar tais esforços?

PONTAPÉ INICIAL, TREINAMENTO E OUTROS EVENTOS. As pessoas estão participando? Elas chegam preparadas? Há departamentos ou pessoas recusando pedidos da equipe do projeto ou do patrocinador? Ou estão apoiando ativamente a iniciativa?

COMUNICAÇÃO. Há divulgação? Há algo acontecendo? Com qual frequência? Em que canais? Com que eficácia? Faça uma pesquisa com os funcionários: o patrocinador se comunicou com você? Do que você se lembra? O que você conseguiria articular?

> **DUAS DICAS**
>
> Procure o patrocinador logo e frequentemente.
>
> Dê atenção para o que é observável.

Exército de um homem só

Fadado à derrota

Um patrocinador sem uma equipe é como um exército de um homem só. O líder tem a visão, mas não consegue implementá-la sozinho. Ele precisa de uma equipe operacional trabalhando em todos os níveis da organização: capitães, tenentes e soldados leais e entusiasmados.

Liderança é necessária... mas não basta por si só!

 O seu projeto tem um bom patrocínio?: pág. 36

CRIE O EXÉRCITO DA MUDANÇA

OS PATROCINADORES SÃO OS GENERAIS

- Apropriam-se da missão.
- Definem a direção e o curso a ser seguido.
- Retiram os obstáculos do caminho.
- Mobilizam os recursos.
- Lideram a equipe rumo ao seu principal objetivo.

OS LÍDERES DE PROJETO SÃO OS CORONÉIS

- Têm profundo conhecimento da forma de trabalho da equipe e sabem como obter o melhor dela.
- Desenvolvem os planos para a batalha.
- Trabalham com esses planos no dia a dia.
- Identificam problemas e riscos.
- Lideram a equipe rumo aos objetivos intermediários.

OS INFLUENCIADORES SÃO OS TENENTES

- Têm relacionamentos-chave.
- Influenciam e motivam as equipes a agir.
- Transmitem as informações sobre os planos e as estratégias.
- Celebram a realização de cada objetivo.

OS AGENTES DA MUDANÇA SÃO OS SOLDADOS

- Divulgam os motivos pelos quais lutamos.
- Utilizam suas habilidades especiais no campo de batalha.
- Orgulham-se de pertencer a uma tropa de elite.

ENTENDA O SEU OBJETIVO

Seu objetivo não é apenas implementar sua estratégia de mudança.

Seu objetivo é conquistar o coração e a mente da sua equipe de trabalho.

Para isso, será necessário entender os seus stakeholders primários. Eles são os usuários finais cujos hábitos serão alterados. Como eles se sentem? Como você deve se comunicar com eles? Qual o nível de suporte mais adequado?

Pergunte para os seus agentes da mudança.

Eles estão no campo de batalha e acabaram de receber o treinamento para a mudança.

Pergunte aos seus influenciadores.

Eles têm crédito na praça, sabem como transmitir uma mensagem difícil.

A equipe tem as pessoas certas?

Pontapé inicial

Que critérios utilizar para montar a equipe?

CRITÉRIOS RUINS

Função. Escolher pessoas com base em titulações ou graduações não garante que você terá os mais influentes. Não confunda títulos com impacto.

Política. Trazer alguém para a sua equipe para ganhar "moral" dentro da empresa é uma ótima forma de se queimar. Você precisa de credibilidade e eficiência.

Disponibilidade. Aceitar pessoas que podem ser consideradas "dispensáveis" irá afundar a sua equipe. Você precisa de pessoas indispensáveis, ágeis e focadas em resultados. E sabe da maior? Todo mundo precisa delas.

CRITÉRIOS BONS

Conhecimento, habilidades e talento. Escolha pessoas que conhecem o negócio. A pessoa certa é aquela de quem ninguém quer abrir mão. Tais pessoas são indispensáveis para se chegar ao sucesso.

Influência. Você precisa de pessoas que causem impacto. Escolha indivíduos que tenham credibilidade, sejam reconhecidos por seu bom trabalho e sejam naturalmente líderes.

Suporte. Os membros de sua equipe devem apoiar a mudança. As atitudes deles afetam a qualidade do trabalho, a eficácia da equipe e sua capacidade de serem os embaixadores da mudança.

Montar uma equipe é um processo de negociação. Estabeleça critérios claros para cada função, pois eles ajudarão – e muito – a formar a equipe de que a organização precisa para ter sucesso.

Pausa

E se você tiver feito escolhas equivocadas e comprometido a equipe? Jogadores ruins não vão resultar em um time bom, e uma dinâmica errada de funcionamento dentro da equipe é devastadora. Ela compromete a eficiência, a percepção de mudança e a própria qualidade do trabalho.

Para começar: Quando você estiver montando sua equipe, converse sobre os riscos de se ter um membro abaixo das expectativas. Crie um plano para mitigar tais riscos que inclua avaliação, desenvolvimento e substituição.

Quando os problemas surgirem: Coloque seu plano em ação. Não é fácil conversar sobre o desempenho de membros da equipe – mas é fundamental para se chegar ao sucesso.

Não esqueça a cenoura

Como manter a equipe motivada e olhando para a frente durante um período de mudança? Não há uma resposta certa, mas sabemos que as pessoas repetem hábitos de sucesso.

O que seria então a cenoura? Há muitas opções.

PARA O GRUPO

Um projeto de mudança pode ser muito parecido com uma montanha-russa. Boas equipes mantêm seu olhar fixo no objetivo principal, mas nem sempre isso será suficiente para que continuem avançando depois da descida e durante a próxima subida. Escolha recompensas valiosas e interessantes e utilize-as quando a equipe precisar de motivação.

CENOURAS PARA O GRUPO:

- evento em grupo não relacionado ao trabalho;
- foto e texto sobre a equipe em uma publicação da empresa;
- algo engraçado ou que tenha um significado especial para a equipe.

> **ALGUNS CONSELHOS:**
>
> **NÃO CELEBRE MUITO, NEM CEDO DEMAIS. DAR RECOMPENSAS ANTES DA HORA TORNA AMBÍGUA A RELAÇÃO ENTRE RECOMPENSAS E RESULTADOS. CELEBRE OS PRINCIPAIS MARCOS, O ATINGIMENTO DE METAS DIFÍCEIS, A CONCLUSÃO DO PROJETO E O ATINGIMENTO DOS OBJETIVOS FINAIS DO PROJETO.**

> **ALGUNS CONSELHOS:**
> **CRIE UMA CONEXÃO CLARA ENTRE DESEMPENHO E RECOMPENSAS INDIVIDUAIS. "FUNCIONÁRIO DO MÊS" É UMA INICIATIVA VAZIA E UM GESTO COM POUCO SIGNIFICADO. PORÉM, UMA MANCHETE NA NEWSLETTER APRESENTANDO A "MELHOR IDEIA DO MÊS PARA APRIMORAR PROCESSOS" PODERÁ CRIAR UM FORTE E DURADOURO IMPACTO.**

PARA CADA PESSOA

É extremamente motivador ouvir um elogio. Ainda mais quando é **específico** e relacionado ao desempenho.

CENOURAS INDIVIDUAIS:

- um elogio enviado por e-mail para toda a equipe;
- um agradecimento na página do projeto na intranet;
- reconhecimento durante uma reunião da equipe;
- qualquer uma das cenouras de grupo, mas concedidas a apenas uma pessoa por seu desempenho acima do esperado;
- uma mensagem escrita à mão.

Cenouras individuais devem ser personalizadas. Elogios falsos ou vazios pegam mal, e o resultado é o oposto do esperado. Seja específico, verdadeiro, e crie uma conexão com os objetivos da equipe. Será necessário observar, tomar notas e focar muito para ter os resultados certos!

Ruim | "Você trabalha muito!"
Ruim | "Parabéns!"
Bom | "Mariana, você poupou muitas horas de trabalho para toda a equipe com o mapeamento dos códigos antigos e novos. Você ajudou a atingir nossos objetivos, reduziu custos e poupou horas de trabalho repetitivo e sem valor agregado. Parabéns!"

DICAS

♦ Planeje as recompensas cuidadosamente, da mesma forma que planejaria a comunicação. Você corre o risco de se esquecer delas no calor da batalha.

♦ Coisas simples e rápidas! Um elogio em uma conversa, um pedido discreto para que um patrocinador entre em contato ou um agradecimento durante uma reunião podem ter um excelente impacto.

♦ Utilize o conhecimento da teoria dos jogos. Acompanhamento e pontuações podem ser bem positivos. A postagem pública de resultados atingidos também pode fazer uma grande diferença. Além disso, recompensas aleatórias (como uma animação quando se passa de fase em um jogo on-line) podem parecer bobas, mas geram satisfação.

♦ O fator surpresa é muito importante para as recompensas. É sabido, graças aos comportamentalistas, que o reforço intermitente recebido em intervalos variáveis é mais eficaz que as recompensas concedidas em intervalos previsíveis. Essa é uma das razões pelas quais os jogos de azar são tão viciantes.

O FÃ-CLUBE

Havia um gerente de projetos que era um colega de trabalho fantástico e um excelente planejador de tarefas. Seus colegas sempre comentavam que ele era uma pessoa incrível e todos se consideravam membros do "Fã--clube do Paul Lambert". Como todo fã-clube, eles também tinham camisetas estampadas com a foto de Paul. No dia combinado, todos a vestiam para ir ao trabalho.

O RESULTADO

Paul superou o constrangimento inicial e secretamente começou a gostar do reconhecimento. O fã-clube ficou muito feliz por ter essa ideia tão boa de mostrar reconhecimento pelo colega. Só havia sentimentos bons para todo mundo.

PARTE 3
Estrutura

A estrutura permite mudanças

Quer institucionalizar a mudança? Quer que ela seja sustentável? Então analise a estrutura organizacional.

A mudança bem-sucedida é a mudança dos hábitos que influenciam os resultados. A estrutura organizacional pode **permitir** ou **inibir** o florescimento de tais hábitos.

Sempre que decidimos mudar, devemos examinar a estrutura da organização para ter certeza de que ela **facilita** o desenvolvimento dos hábitos que desejamos.

Provavelmente, a mudança irá demandar algumas alterações na estrutura da organização.

Alinhe a estrutura

Responda a esta pergunta:
"Há excesso de organização
e falta de estrutura?"

Há dois cenários problemáticos

SOFRENDO PARA CRESCER

A empresa surgiu quando dois empreendedores se conheceram em um boteco. Em um guardanapo, desenharam um organograma. Estavam lá a área contábil, o financeiro e o departamento de vendas. Estavam lá as sementes necessárias para o crescimento – o que aconteceu, à medida que as equipes foram aumentando de tamanho.

Apesar disso, esse tipo de estrutura não está focado na forma como as pessoas trabalham em equipe para entregar o que o cliente deseja. Ela apenas descreve cargos e funções.

A estrutura organizacional mais adequada mira nos processos que geram valor. Os cargos e as funções só devem ser definidos após os processos terem sido estabelecidos, de modo a apoiar o funcionamento dos processos. Os departamentos em si são irrelevantes.

VAMOS À LUTA

Uma nova executiva havia entrado na empresa com uma tarefa muito clara: redefinir a estrutura, que não era eficaz. Era preciso mudá-la e mostrar resultados.

Após ter desenvolvido um novo organograma e feito alterações nas equipes e nas responsabilidades, ela verificou que a nova estrutura ainda tinha um desempenho abaixo do esperado.

Por quê? Porque a mera alteração do organograma não tratou da cultura nociva que havia na organização. Definir novas funções ou mexer em caixinhas em um organograma não entrega resultados. Na realidade, os funcionários atualmente se tornaram mais céticos, e muitos acreditam que a reorganização do organograma é apenas "o novo executivo querendo deixar sua marca". O professor do MIT Edgar H. Shein estabeleceu uma conexão direta entre hábito e cultura organizacional.

Em uma equipe: Hábito + Sucesso = Repetição

Repetição frequente = Cultura

Conclusão: crie uma estrutura organizacional que facilite o hábito do sucesso!

Histórias reais

Quatro verdades sobre estruturas organizacionais

As quatro verdades

[1] A competência mais importante de uma empresa define como ela entrega valor ao cliente. Descubra qual é essa competência e crie a estrutura com ela em mente.

[2] A estrutura organizacional existe para facilitar o trabalho.

[3] Qualquer atividade que não entregue valor ao cliente deve ser eliminada.

[4] Stakeholders são fundamentais para uma boa estrutura organizacional. Eles criam valores compartilhados e aceleram a mudança.

COMO COLOCAR ESSAS VERDADES EM PRÁTICA

REUNIÃO 1: Adquirindo conhecimento

- Pergunte aos clientes: "Do que você mais gosta nesta organização?".
- Identifique o que é sucesso.
- Exponha os fatos.
- Explore as tendências mais recentes para concepção de estruturas organizacionais similares.
- Identifique sua principal competência (por que seus clientes escolhem você).
- Determine quem precisa aderir à estrutura final.

REUNIÃO 2: Identificando o trabalho

- Defina a principal atividade que entrega valor para o cliente.
- Distinga os projetos das atividades contínuas.
- Identifique atividades que possam ser agrupadas.

REUNIÃO 3: Crie variações do organograma
- Discuta e defina três características da organização (por exemplo: horizontalidade, baixo custo, melhor suporte aos valores da empresa).
- Faça um brainstorming para criar a estrutura que funciona bem com base na primeira característica.
- Inclua os prós e os contras.
- Escolha as melhores opções.
- Faça a mesma coisa com a segunda e a terceira características.
- Faça um brainstorming para criar uma estrutura que inclua o que há de melhor em cada uma das três características.
- Crie uma estrutura final com prós e contras.
- **LIÇÃO DE CASA:** converse com as pessoas que deverão comprar a ideia e peça sua opinião sobre o formato.

REUNIÃO 4: Ajustes finais do organograma
- Relate o feedback recebido.
- Faça os ajustes finais do organograma.
- Descreva qual será o ganho entre a situação atual e a situação futura (de/para): a visão que orienta o organograma, a diferença entre as estruturas atual e futura.
- Apresente aos patrocinadores para que opinem e apoiem a versão final.

PASSOS SEGUINTES:

CRIE DESCRIÇÕES DOS CARGOS (CARGO, OBJETIVOS, RESPONSABILIDADES PRINCIPAIS, MÉTRICAS) PARA QUE O RH POSSA ESTIMAR O VOLUME DE TRABALHO (FREQUÊNCIA, HORÁRIO) E O TAMANHO DA EQUIPE.

PARTE 4
Resistência

Os sabotadores

Sua iniciativa de mudança já entrou em cena. Mas, espere aí! Tem alguém vaiando lá do fundo? Você está sendo sabotado por alguém lá no meio da plateia? Já começaram a jogar tomates e ovos?

Isso seria de se esperar – as pessoas são naturalmente resistentes à mudança. A resistência mantém a ordem e o *status quo*.

Os sabotadores:

- Dizem coisas negativas ou têm uma atitude negativa em relação à mudança.

- Preveem que a mudança será um desastre.

- Agem como se a mudança não tivesse nenhuma relação com eles ou com suas equipes.

- Recusam-se a fornecer recursos ou informações.

- Evitam ou não dão prioridade para reuniões, eventos e treinamentos do projeto.

- Deixam de cumprir prazos importantes ou trabalham sem nenhum senso de urgência.

- Recusam-se a experimentar a nova forma de trabalhar ou procuram voltar ao modelo antigo.

Como você os enfrenta?

Você não os enfrenta.

QUEM PODERIA TER INFLUÊNCIA NO SUCESSO DO PROJETO?

Alguns possíveis influenciadores são os próprios sabotadores? Aceite o fato de que talvez você não consiga fazer com que se tornem apoiadores da mudança.

Há possíveis influenciadores que demonstram apenas um pouco de resistência? Ou que demonstram um pouco de apoio à mudança? Aí está a sua área de manobra!

ÁREA DE MANOBRA: UM EXEMPLO

Executivos e Diretores	Geraldo Sampaio, Berrini			
		Supervisores, Osasco		Gerentes de área, Osasco
Financeiro e Prestadores	Gerentes gerais, Berrini		RSCs	
Clientes (falar com Sara)				

Habilidade de influenciar o sucesso da mudança — ALTA / BAIXA

BAIXA — ALTA

Resistência à mudança

AGORA É SUA VEZ – USE ESTES MODELOS PARA DESCOBRIR ONDE ESTÁ A SUA ÁREA DE MANOBRA

ÁREA DE MANOBRA

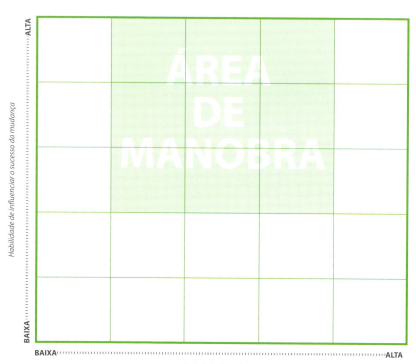

O QUE FAZER COM AS PESSOAS QUE ESTÃO NA ÁREA DE MANOBRA?

Divulgação e **engajamento** são suas ferramentas. Para cada grupo, pergunte:

O que este grupo de stakeholders precisa ouvir para priorizar essa mudança? Com o que eles se preocupam? Como a mudança afeta essas preocupações? Quais são as vantagens para esse grupo? Quais são as consequências da não concordância?

Como podemos envolver este grupo de stakeholders para que eles também abracem a mudança? Que oportunidades de comunicação ou envolvimento existem no mundo deles? E no projeto? Que tipos de pessoas estão nesse grupo? Que tipo de mensagem os atrai? Quem os influencia? Quais são suas maiores habilidades? O que gostam de fazer? O que teve boa resposta deles no passado?

ENTÃO DEVEMOS IGNORAR OS SABOTADORES?

Não. Continuamos ao lado deles, conforme o plano de gestão de mudanças: vamos nos comunicar com eles, buscar seu engajamento, treiná-los e apoiá-los. À medida que outros grupos de stakeholders se tornam melhores agentes da mudança, os sabotadores serão menos ouvidos.

IMPORTANTE:

DEIXE MUITO CLARO QUE O CONSENSO NÃO É O OBJETIVO. DISCORDAR É SAUDÁVEL E PODE CRIAR UM PRODUTO FINAL MUITO MELHOR. CURIOSAMENTE, A MAIOR PARTE DOS GRUPOS SE AUTORREGULA E, POR MEIO DE DISCUSSÕES MEDIADAS, CHEGA A UM CONSENSO NATURALMENTE.

Um estado de confusão

A cada quatro anos, no primeiro domingo de outubro, nós elegemos um novo presidente.

A cada quatro anos, o presidente eleito toma posse no dia 1º de janeiro.

Pergunta verdadeira de uma criança de 9 anos: "Mas por que isso?".

A mudança é um conceito. O ato de mudar não é instantâneo, é um processo. O período durante o qual esse processo acontece pode ser chamado de "transição": o intervalo entre o velho e o novo.

A mudança não é apenas o começo, também é um fim. Ela envolve abandonar o velho e abraçar o novo – e ambos fazem as pessoas se sentirem desconfortáveis.

A transição é naturalmente confusa. A vida cotidiana durante a transição é bem complexa. Os dias mesclam o término das atividades antigas, o envolvimento com atividades transitórias e o início dos novos trabalhos.

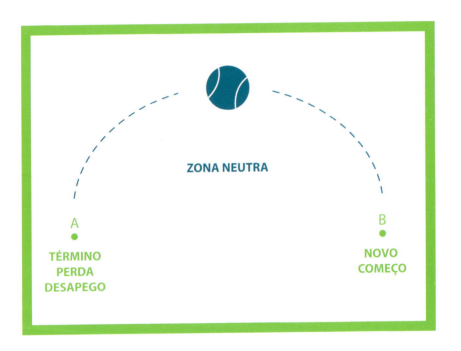

E O QUE FAZER DEPOIS DE SER ELEITO COMO CHEFE DE ESTADO – ESTADO DE CONFUSÃO, NÉ?

Comece de forma simples. Reúna os seus comunicadores-chave e preencha um documento parecido com este:

Então, peça para sua equipe de comunicação começar a espalhar tais mensagens para a organização do modo que julgar adequado. Você não conseguirá evitar o estado de confusão, mas você pode torná-lo um lugar melhor para se viver.

SUA EQUIPE DE TRANSIÇÃO

Em seguida, identifique os diversos grupos que você precisará gerenciar durante o período transitório. A transição é como uma maratona, uma prova de resistência em vez de velocidade. Por isso, pergunte a si mesmo:

> **ESTUDOS MOSTRAM QUE... OS LÍDERES SE ARREPENDEM DE NÃO TEREM DIVULGADO A MUDANÇA MAIS CEDO E COM MAIS ÊNFASE.**
> – PROSCI, MELHORES PRÁTICAS

QUEM SÃO

- OS MARATONISTAS "PROFISSIONAIS"?
- OS CORREDORES AMADORES QUE FORAM MUITO BEM TREINADOS?
- OS CORREDORES QUE TENTAM, MAS AINDA NÃO ESTÃO PREPARADOS?
- OS CORREDORES QUE TIVERAM UMA QUEDA SÚBITA DE ENERGIA?

- OS TREINADORES NO CARRO DE APOIO, QUE MOTIVAM E ENCORAJAM?
- A EQUIPE DE REPORTAGEM SOBREVOANDO O EVENTO EM UM HELICÓPTERO?
- OS ORGANIZADORES DA CORRIDA, QUE FICAM NA LINHA DE CHEGADA?

Grupos distintos **precisam** de diferentes tipos de suporte, assim como também podem **fornecer** diferentes tipos de suporte. Entenda as funções de cada um e você conseguirá estruturar sua equipe de transição adequadamente.

referência | Prosci – www.prosci.com.

Para saber mais, veja:
Bridges, William.
Managing Transitions: Making the Most of Change.
Da Capo Press, 2003.

As pessoas preferem o que é previsível

A prova está nas batatas. O McDonald's não faria tanto sucesso se as pessoas preferissem o imprevisível. Então, o que as atrai? Justamente o fato de que irão receber a mesma coisa, toda vez. Escolhendo o que é previsível, somos capazes de operar em piloto automático e preservar nossos recursos limitados – tempo e energia – para outras coisas que consideramos mais significativas. Quando confrontados com alguma coisa imprevisível, nós normalmente lutamos para conseguir voltar à certeza, à segurança e ao controle.

Envolva a massa: pág. 172

A SOLUÇÃO

TORNE SUA INICIATIVA DE MUDANÇA PREVISÍVEL. MAS COMO É POSSÍVEL QUE UMA "MUDANÇA" SEJA PREVISÍVEL?

Crie uma conexão entre a mudança e algo que as pessoas conhecem. Mostre a elas como é parecida com alguma mudança que já ocorreu com sucesso. Compare com processos ou empresas que elas gostam. Use metáforas positivas.

Sem surpresas. Avise todo mundo com antecedência. Envolva todos. Diga alguma coisa a cada fase da transição. Informações recebidas com antecedência ajudam as pessoas a se planejarem para a mudança, dando a elas poder e controle.

Seja específico. Tenha certeza de que cada indivíduo entende exatamente como será a mudança. No processo de implementação, quanto antes as pessoas conseguirem entender que sua vida profissional será melhor após a mudança, mais cedo terão aquele sentimento reconfortante que vem da rotina.

> É POSSÍVEL CONTROLAR O CLIMA? DE JEITO NENHUM. AINDA ASSIM, TODA UMA INDÚSTRIA FOI CONSTRUÍDA PARA FORNECER PREVISÕES. EMBORA ESTEJAM COMPLETAMENTE ERRADAS NA MAIORIA DAS VEZES, AS PREVISÕES NOS DÃO UMA FALSA SENSAÇÃO DE CONTROLE E EXPECTATIVA, O QUE NOS PERMITE LIDAR COM MUDANÇAS CONSTANTES E IMPREVISTOS.

Somos pré-programados para resistir às mudanças

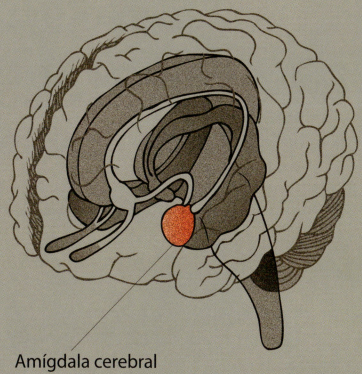

O cérebro determina sua reação emocional

As pessoas são resistentes às mudanças porque a amígdala, uma parte do cérebro, vê a mudança como uma ameaça ao corpo e libera os hormônios do medo: você luta ou foge! A amígdala tenta proteger o corpo da mudança. É por isso que, quando as organizações anunciam mudanças, ainda que com muitos benefícios esperados, os funcionários tendem a interpretar a mudança como uma ameaça e reajem emocionalmente contra ela.

 Saiba mais sobre visão: pág. 10

PARA LIDAR COM A RESISTÊNCIA, É NECESSÁRIO SUPERAR OS CUSTOS PSICOLÓGICOS DA MUDANÇA E FOCAR:

- na insatisfação com o estado atual das coisas, um aspecto frequentemente esquecido pelos líderes da mudança;
- na visão positiva do futuro;
- nos passos concretos para tornar a visão uma realidade.

FÓRMULA DE GLEICHER

- I = Insatisfação com o estado atual das coisas
- V = Visão do que é possível
- P = Primeiros passos concretos em direção à visão
- R = Resistência

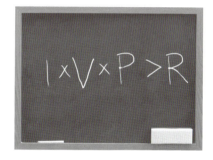

referência | Beckhard, Richard.
Desenvolvimento organizacional: estratégias e modelos.
Editora Edgard Blucher, 1972.
Veja também David Gleicher.

Mude de ideia

CAMINHOS NEURAIS NO CÉREBRO

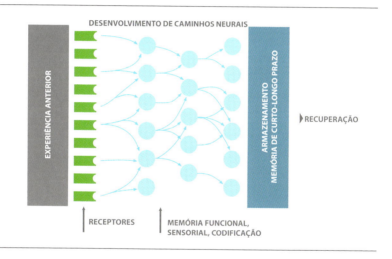

O caminho com menor resistência

O que fazemos quando nos deparamos com uma nova experiência ou situação? Naturalmente, nós a relacionamos às nossas experiências prévias.

O cérebro desenvolve caminhos neurais – dobras e sulcos físicos – para conectar conceitos, conhecimento e experiências passadas. O que isso tem a ver com a mudança de hábito das pessoas?

É difícil mudar velhos caminhos. **Portanto, utilize o caminho de menor resistência: relacione informações novas com as antigas.**

Faça o novo ficar gravado: **repita a nova informação de modo assíduo e frequente.**

Envolva novas pessoas e novos ambientes para surpreender o cérebro – impeça que ele preveja os próximos passos.

 Gostamos de andar pelos caminhos mais antigos: pág. 85

Começando do zero

Às vezes, o único jeito de mudar nossa forma de pensar é zerando os velhos hábitos. E por que não? Velhos hábitos criam trilhas profundas em nossos cérebros que originam caminhos neurais. São necessários muito esforço e muita repetição para construir novos caminhos.

E quando é que estamos dispostos a fazer tudo isso para aprender um novo caminho? Quando a situação atual se torna insustentável.

- Descreva os problemas atuais.

- Converse sobre todas as coisas ruins que irão acontecer se continuarem na direção atual.

- Ajude as pessoas a verem que a mudança irá evitar o sofrimento.

Falar sobre o sofrimento atual irá ajudar as pessoas a se mexerem. Depois disso, será necessário apenas mostrar a direção a ser seguida.

PARTE 5
Cultura

É a cultura, seu tonto!

"A CULTURA DEVORA A ESTRATÉGIA JÁ NO CAFÉ DA MANHÃ."

Mark Fields, Ford Motor Company

"Duas em cada três iniciativas de transformação irão dar errado." Essa informação está em um artigo de 2005 da *Harvard Business Review*. E é uma estimativa muito conservadora. Estatísticas e descrições de iniciativas para mudança que deram errado existem aos montes. Diversos pesquisadores e analistas concordam que o ingrediente que falta é uma gestão robusta de mudanças, que possa ter um efeito determinante no Retorno Sobre o Investimento (ROI). Além disso, a chave para a gestão de mudanças é o uso da cultura organizacional.

A cultura é o sistema imunológico de uma organização. A cultura conhece a organização muito bem, sabe exatamente o que ela é e o que não é. Ela ataca os invasores e os questionadores e se recusa a deixar que eles mudem o organismo. Então qual o sentido de lutar contra algo que protege a identidade da sua organização? Em vez disso, trabalhe em parceria com a cultura.

Mas como é possível domar a cultura?

O primeiro passo é entender a cultura organizacional. Assim, você poderá traçar um plano que utilize seus pontos fortes.

> "Em todo caos, há um cosmos;
> em toda desordem, uma ordem secreta."
>
> – CARL JUNG

Uma das melhores formas de se olhar para a cultura organizacional é através das lentes dos arquétipos – quem os definiu foi Carl Jung. Embora eles estejam presentes em toda a história, os arquétipos, de acordo com Jung, são muito mais do que apenas histórias que contamos uns aos outros sobre heróis, compaixão ou realizações. Os arquétipos são modelos universais inatos que podem ser utilizados para se prever comportamentos.

QUER UM EXEMPLO?

Workshop para uma tropa militar. Um abraço coletivo não é a melhor forma de começar. Talvez uma corrida com obstáculos?

Divulgação de um novo medicamento para enfermeiros. Não use expressões como "redução de custos", deixe isso para os seus clientes da área financeira. Procure descrever "os benefícios para o paciente".

Iniciativa lançada em um órgão público. Mostre a eles métodos e resultados comprovados.

Gestão de mudanças na Harley-Davidson. Surpreenda! Eles querem saber como irão conseguir se manter únicos e revolucionários.

**ALGUMAS ORGANIZAÇÕES E
SEUS ARQUÉTIPOS TÍPICOS**

EXÉRCITO → HERÓI
HOSPITAL → PRESTATIVO
BANCO → SÁBIO
EMPRESA DE MOTOCICLETAS → REVOLUCIONÁRIO
GOVERNO → CIDADÃO COMUM

COMO IDENTIFICAMOS NOSSA CULTURA ORGANIZACIONAL?

A dra. Carol Pearson realizou um trabalho excepcional que permite a identificação da cultura organizacional ativa. Suas ferramentas permitem análises quantitativas e qualitativas da identidade principal de uma organização. Sua pesquisa quantificou a presença de 12 arquétipos universais que definem:

- IDENTIDADE DE GRUPO, PROPÓSITO, SIGNIFICADO E MOTIVAÇÃO.
- VALORES E PONTOS FORTES.
- ESTILO OPERACIONAL E HÁBITOS.
- OPORTUNIDADES E DESAFIOS.

ORIENTAÇÃO	ARQUÉTIPO	CULTURA	ÊNFASE
Estabilidade/ Estruturação	Prestativo	Missão solidária	Atender as necessidades, servir o próximo, cuidados/estabilidade
	Governante	Nobreza	Estar no poder, definir padrões, gerenciar sistemas complexos
	Criador	Cooperação artística	Gerar ideias, desenhar formas/estruturas, criar produtos
Resultados/ Realizações	Herói	Equipe vencedora	Atingir as metas, superar os obstáculos, lutar pelos outros
	Revolucionário	Bando de rebeldes	Questionar o *status quo*, correr riscos, fazer descobertas
	Mago	Fazedor de milagres	Ver possibilidades, aceitar a mudança, sincronicidade
Comunidade/ Pertencimento	Bobo da corte	Coleguinhas	Divertir-se, ser esperto/rápido, brainstorming
	Cidadão Comum	A turma	Estar junto, democracia, superar tempos difíceis
	Amante	Pessoas belas	Criar vínculos, comprometimento, chegar a consensos
Aprendizado/ Crescimento	Idealista	A família feliz	Perseverar com alegria, seguir as regras, manter a fé
	Explorador	Caravana/ Posto avançado	Abrir novas trilhas, iniciativa própria, se manter atualizado
	Sábio	Laboratório	Pensar nas coisas, construir conhecimento, acumular informações

Fonte: Adaptado de Pearson, Carol S. *Archetypes in Organizational Settings: a Client's Guide to the OTCI*™ *Professional Report.* Gainesville: CAPT, 2003. Utilizado com permissão.

VALORES	AJUDA A	MARCA
Atendimento, cuidado, altruísmo, compaixão, abnegação, sacrifício para o bem da maioria	Encontrar ajuda/apoio, sentir compaixão/ bondade	Campbell's Soup
Poder, controle, ordens, reputação, responsabilidade social, liderança	Tomar o controle, se tornar líder, ganhar poder/prestígio	American Express
Imaginação, inovação, expressão, design, estética, bom gosto	Se expressar, expressar a própria imaginação, inventar, conceber, construir	General Electric
Coragem, energia, foco, disciplina, agir por princípios, dar o melhor de si	Superar obstáculos/vencer, lutar pelos outros	Nike
Arriscar, pensamento radical, não conformidade, liberação, ultraje/escândalo	Correr riscos/fazer descobertas, questionar o *status quo*	Harley--Davidson
Intuição, visão, inspiração, autoconhecimento, intenção, transformação	Transformar/realizar sonhos, ver possibilidades	Disney
Ludicidade, pensamento fora da caixa, viver o momento, engenhosidade	Aproveitar/curtir o momento, ser inteligente/rápido/habilidoso	Miller Lite
Justiça, reciprocidade, camaradagem, honestidade, democracia, igualdade, orgulho	Se adaptar/estar em paz consigo mesmo, construir uma comunidade/criar um grupo	Walmart
Proximidade, acessibilidade, beleza, viver a vida ao extremo, entusiasmo	Encontrar o amor/a felicidade, viver a vida ao extremo	Hallmark
Lealdade, bondade, otimismo, perseverança, fé, lealdade aos objetivos compartilhados	Renovar/atualizar/aproveitar os prazeres simples da vida, viver os ideais e valores compartilhados	McDonald's
Individualidade, independência, novas experiências, crescimento, autoaprendizado	Viver em liberdade, se aventurar, abrir/ trilhar novos caminhos	National Geographic
Inteligência, verdade, objetividade, *insight*, conhecimento, pensamento crítico	Compreender o mundo, se inspirar, adquirir sabedoria	Discovery

referências

Sirkin, Harold L.; Keenan, Perry & Jackson, Alan. "The Hard Side of Change Management." Em *Harvard Business Review*, out. 2005.

Petouhoff, Natalie; Chandler, Tamra & Montag-Schultz, Beth. "The Business Impact of Change Management: What Is the Common Denominator for High Project ROIs?" Em *Graziado Business Report*, 9, n° 3, 2006. Disponível em http://gbr.pepperdine.edu/063/change.html. Acesso em 02-03-2015.

Fields, Mark. "Culture Eats Strategy for Breakfast" *apud* McCracken, Jeffrey. "'Way Forward' Requires Culture Shift at Ford." Em *Wall Street Journal*, 23-01-2006. p. B1.

Para saber mais, veja:
Corlett, John G. & Pearson, Carol S.
Mapping the Organizational Psyche: a Jungian Theory of Organizational Dynamics and Change.
Gainesville: CAPT, 2003.

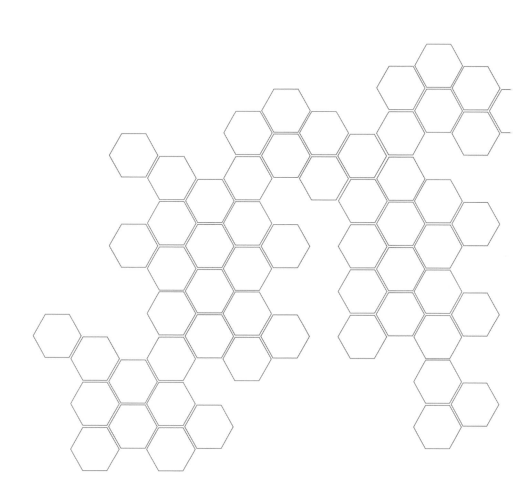

Especialista em subculturas

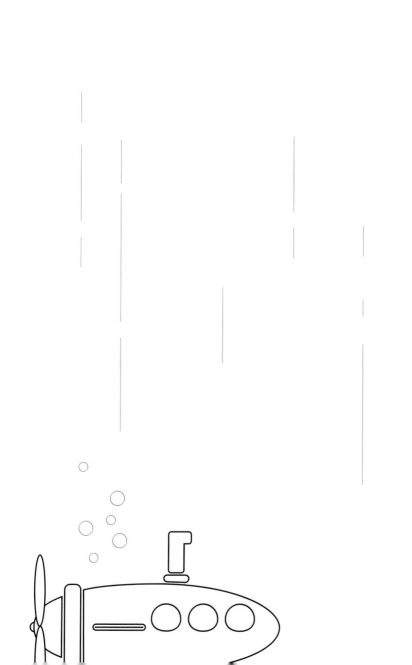

Estruturando a mudança para subculturas

Profissionais da mudança sabem que é preciso levar em consideração a cultura durante a gestão de mudanças. A cultura é poderosa e, se fizermos tudo do jeito certo, ela trabalhará em favor da mudança, e não contra ela.

Mas não é simples. Dentro da organização há um microcosmo efervescente de subculturas. Uma organização convive com as diversas normas e regras das várias equipes e departamentos. Cada grupo tem um padrão diferente de hábitos e desempenho considerados bem-sucedidos.

> "A Apple tem uma cultura revolucionária. Eu trabalho lá porque eu 'penso diferente'. Por outro lado, eu sou um contabilista profissional, ou seja, meu departamento preza pela rotina, confiabilidade, exatidão e conformidade à norma. Portanto, eu posso ir trabalhar de chinelo de dedo, mas meu trabalho em si tem um 'traje formal.'"

Os planos para a mudança devem abordar a complexidade das culturas múltiplas, para a organização como um todo E TAMBÉM para cada departamento. Os funcionários se identificam com ambas e, para sensibilizá-los, o plano de mudança deve tratar dessas duas identidades culturais.

> "Amei! Esta mudança irá nos ajudar a 'pensar diferente' de uma forma ainda melhor! Previsibilidade! Eu amo previsibilidade! Conte comigo!"

E você ainda fica aí se perguntando por que a mudança é tão complexa...

UMA MESMA EMPRESA TEM DIVERSAS EXPERIÊNCIAS CULTURAIS. VEJA SÓ:

Diferentes culturas têm diferentes normas e, portanto, diferentes hábitos. Normas comportamentais e subculturas variam nos seguintes âmbitos:

- Organizacional.
- Geográfico.
- Em cada unidade de negócios.
- Em cada departamento.
- Em cada cargo.
- Para cada pessoa.

DEPARTAMENTO	ARQUÉTIPO
TI	*Herói* │ "Se a contabilidade não conseguir fazer a transferência do fechamento, eu mesmo vou lá e faço, nem que leve a noite toda."
Vendas	*Mago* │ "Quer ver resultados... Aqui está! Viu?"
Pesquisa e Desenvolvimento	*Sábio* │ "Estamos analisando isso há anos, e talvez seja possível alcançar o resultado que você quer... se a nossa hipótese estiver correta. Preciso ver os detalhes dos seus objetivos."
Operacional	*Cidadão Comum* │ "Estamos juntos nesta e precisamos da ajuda de todos para que dê certo. As pessoas certas foram envolvidas?"

Então, como se constrói um plano de mudança para isso tudo?

História real

Uma grande empresa petroleira contratou uma consultoria estratégica para recomendar uma nova estrutura organizacional. Cinco consultores trabalharam em uma sala de reuniões durante meses, saindo periodicamente para realizar entrevistas e coletas de dados. Embora suas recomendações tenham sido congruentes, a organização lutou contra elas pois era uma organização de Cidadãos Comuns, que não acreditava no resultado. Os funcionários acharam que as pessoas não haviam sido envolvidas no processo de forma adequada.

Gestores da mudança que obtêm êxito conseguem aprender mais sobre os arquétipos culturais, avaliar os arquétipos dentro da organização e agir tendo a cultura em mente. Veja alguns exemplos:

ESTRUTURA DAS EQUIPES DE PROJETO

- Culturas que podem precisar de equipes maiores e maior representatividade/participação incluem: Prestativos, Criadores, Magos, Bobos da Corte, Cidadãos Comuns, Amantes e Idealistas.
- Culturas que podem acomodar equipes menores e mais eficientes incluem: Governantes, Heróis, Revolucionários, Exploradores e Sábios.

A equipe do projeto é a "primeira impressão" da mudança em si. São dados que as pessoas utilizam para formar sua opinião a respeito da mudança: quem está participando? Como foram escolhidos? Quais são as funções de cada um? Formar uma equipe que seja consistente com a cultura sinaliza que a mudança é positiva. O que acontece quando os profissionais da mudança ignoram as subculturas?

CRIANDO UM PLANO DE TRABALHO E UM CRONOGRAMA

- Culturas de Governantes indicam cronogramas curtos e menos pessoas.
- Os arquétipos Cidadão Comum e Prestativo requerem equipes maiores e reuniões mais frequentes, considerando que um número maior de pessoas precisa ser envolvido.

Entender isso desde o início pode lhe ajudar a controlar as expectativas. As pessoas interpretam a habilidade de seguir um cronograma como um indicador do sucesso da mudança.

A abordagem das atividades no modelo de mudança – **ESTRATÉGIA, INTERNALIZAÇÃO, FOCO** e **SUSTENTABILIDADE** – irá variar dependendo do tipo de cultura.

PLANEJANDO OS ESFORÇOS PARA A MUDANÇA

- Em uma organização de Criadores, apresente a estratégia de mudança dando destaque para a maneira como o estágio final pode ajudar a gerar melhores ideias.
- Em uma organização de Sábios, a internalização pode incluir oportunidades de revisar as pesquisas que dão apoio ao processo, ouvir os *experts* e realizar análises como parte do processo de implementação.
- Em uma cultura de Revolucionários, procure levar o foco da atenção para os novos hábitos, por exemplo substituindo os velhos relatórios em papel por relatórios on-line.
- A sustentabilidade em uma cultura de Heróis pode incluir competição intensa durante os exercícios de treinamento; já os Sábios irão preferir soluções voltadas àqueles que querem aprender.

Faça com que a experiência dos stakeholders evidencie o êxito da mudança, de um jeito que seja genuíno para eles, deixando-os mais confiantes para avançar ainda mais. Essa sucessão de avanços exitosos resultará em uma mudança organizacional duradoura.

PARTE 6

Branding

Crie sua marca com muito cuidado

Os arcos dourados do McDonald's. O símbolo sinuoso da Nike. A maçã da Apple (com a mordida, obviamente, para mostrar a rebeldia da organização)...

Todos são excelentes exemplos de branding. Quando uma empresa tem produtos com os quais os consumidores conseguem se identificar facilmente, sua marca se torna lendária.

Atualmente, branding não serve apenas para marcar produtos (como se marca o gado); muitos projetos organizacionais e iniciativas de mudança agora têm sua marca própria. Para garantir que sua marca tenha o impacto que você deseja, preste atenção em duas coisas: o processo e os riscos.

 Sua marca está adequada à sua cultura?: pág. 98
Use os símbolos adequados: pág. 124

O Bom

QUANDO O NOME OU A LOGO DE UM PROJETO REFLETE O QUE ESTÁ SENDO FEITO OU O QUE SIGNIFICARÁ PARA OS USUÁRIOS FINAIS.

Esta empresa valoriza a comunidade, o sacrifício compartilhado, a colaboração e o sucesso coletivo. O projeto é a implementação de um sistema ERP que fará todos os sistemas e processos funcionarem de forma muito mais integrada.

Esta empresa lida com ciência e tecnologia. Eles se consideram intelectuais e valorizam o rigor e a excelência acima de tudo. O projeto visa desenvolver um espaço de encontro preparado para os negócios, um lugar para inovar e discutir novas ideias e problemas que interferem no desempenho.

Esta empresa se considera um grupo de elite, no qual o sucesso individual é esperado e muito celebrado. O projeto é a reorganização de um upgrade de sistema, que foi necessário em virtude das grandes mudanças no mercado no qual a empresa opera: foi necessário mudar para segurarem sua fatia de mercado e se manterem vivos. O projeto tem um cronograma agressivo, e seus líderes têm a função de acionar as "tropas" e trabalhar muito intensamente até que esteja tudo no ar.

O Mau

QUE CHATICE!

"Sucesso nos negócios 2007!" não quer dizer nada especificamente.

"Upgrade de TI" ou "Conexão SAP" são estratégias, e não visões inspiradoras.

O Feio

SEM SENTIDO, DESCONEXO E/OU "ESPERTINHO" OU EXCÊNTRICO DEMAIS.

"Batalhe até conseguir o Ouro em 2008!"

"Sinergia Estelar."

"Iniciativa Equipe Tigre."

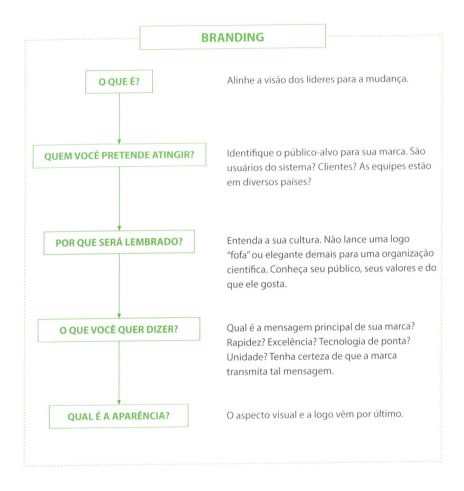

referência http://ezinearticles.com/?A-Brief-History-of-Branding&id=817828. Acesso em 02-03-2015.

Para saber mais, veja:
http://www.paramountbooks.com/beyond-mission-statement?keyword=beyond. Acesso em 02-03-2015.

Símbolos são importantes

Um símbolo é um sinal

Ele representa algo diferente.

Um símbolo não é uma marca

Marcas são cuidadosamente desenvolvidas para incorporar a cultura, a psicologia e os princípios de marketing.

Um símbolo é muito importante

Símbolos e gestos simbólicos evocam emoções fortes e são uma ferramenta extremamente poderosa.

VOCÊ TRAZ O BOLO

Uma certa empresa oferecia mensalmente uma festa para os aniversariantes do mês. O bolo de aniversário era um símbolo de apreço e de espírito de equipe. Então, uma grande empresa multinacional listada na Forbes 500 adquiriu a pequena empresa, decidiu cortar custos e acabou com as festas e o bolo. A empresa passou a ter um novo símbolo. A cada mês, a data da festa chegava, passava e servia de lembrança a todos do novo *ethos* da nova holding, impessoal e voltado aos resultados. Nos anos que se seguiram, "o bolo" se tornou o símbolo dos bons tempos antes da aquisição. Os funcionários passaram a fazer diversas piadas, como "A empresa comeu todo o bolo sozinha" ou "Não sobrou bolo para quem ficou trabalhando".

SEGURANÇA EM PRIMEIRO LUGAR

Segurança e atenção são os valores essenciais de uma grande empresa de energia. Todas as reuniões – sem exceção – começam com um "momento da segurança", no qual cada funcionário compartilha uma experiência de segurança ou de falta de segurança que presenciou naquela semana. Todos os dias, as pessoas saem de suas baias para uma "espreguiçada em grupo". As estações de trabalho possuem uma ferramenta que trava os computadores por três minutos para que os funcionários possam desviar o olhar dos monitores e descansar seus olhos. Praticamente todas as portas possuem loções antibacterianas e lenços para prevenir doenças. Os funcionários estacionam seus veículos de ré e abordam qualquer pessoa que eles veem dirigindo e falando ao celular. Exagero? Não. Tais objetos e atividades simbólicas dirigem a atenção para os hábitos que eles esperam: conscientização constante dos riscos e prevenção de lesões em todos os níveis.

"Os símbolos conferem regularidade, unidade e sistematicidade às práticas de um grupo."

– PIERRE BOURDIEU, SOCIÓLOGO FRANCÊS

SÍMBOLOS

VARIAM CONFORME A ORGANIZAÇÃO E O PROJETO. Eles devem se adequar à cultura da organização e à iniciativa em questão.

DEVEM SER COMPREENDIDOS PARA TEREM ÊXITO. Escolha um símbolo ou gesto simbólico que as pessoas irão entender. Fique longe daqueles que possam ter um sentido duplo ou não intencional. Você também precisa criar um contexto desde o início com imagens ou textos que ajudem na compreensão de sua mensagem.

DEVEM SER ESCOLHIDOS COM MUITO CUIDADO. Pergunte, ouça, observe e tome notas. Ouça o que dizem os comentários e rumores: pode ser que alguns símbolos já existentes deem consistência para a história. Conseguiu identificar um símbolo em potencial? Faça um teste com alguns stakeholders para ver se ele funciona, verifique se há alguma pegadinha que você não notou ou alguma falha por causa da cultura organizacional.

SÃO ESPECIALMENTE IMPORTANTES EM DETERMINADOS CASOS. Se a sua iniciativa está relacionada a uma fusão, aquisição ou terceirização, então provavelmente haverá muitos ânimos exaltados. Escolher os símbolos ou gestos simbólicos adequados pode fazer com que as pessoas olhem para a sua iniciativa com bons olhos.

PODEM TER RELAÇÃO COM OUTRAS COISAS. Use símbolos mais universais, conforme necessário, para conectar a sua iniciativa a outras iniciativas maiores, como a missão da empresa ou as tendências culturais e globais.

UTILIZE SÍMBOLOS

- Durante a fase de branding do seu projeto, quando você for criar mensagem, nome, logo, peças gráficas e histórias.

- Durante divulgações do projeto, tanto internas quanto externas.

- Sempre que houver um evento do projeto (pontapé inicial, treinamento para os agentes de mudança, reunião de fortalecimento da equipe, celebração).

- Na identidade visual da sua solução (elementos gráficos, ícones, modelos).

Enfrentando os símbolos preexistentes

Para mudar a maneira como as pessoas agem, devemos focar as atenções nos novos hábitos.

CUIDADO COM OS GOLPES BAIXOS

Seu principal oponente nesta luta: os símbolos que reforçam os velhos hábitos.

O departamento de TI de um hospital na região de Chicago estava tendo problemas com a maneira como definiam o relacionamento com o cliente: "Sempre diga sim!" era seu lema. A equipe de quinze pessoas estava afundando: os projetos estavam cronicamente atrasados e muitas horas eram gastas com atividades de baixa prioridade. Para conseguir cumprir todas as tarefas, seria necessária uma equipe de 250 pessoas.

Para tratar desse problema, eles implementaram um processo de aprovação formal de projetos para permitir que a equipe priorizasse e executasse apenas os projetos verdadeiramente estratégicos. Mas qual era o impasse? Todo mundo no hospital tinha o número de pager do seu funcionário predileto no TI. Os pagers não eram apenas dispositivos de comunicação, eles eram símbolos de acesso direto, de relacionamentos verdadeiramente pessoais e atendimento de primeira qualidade.

Na opinião do TI, a solução ideal seria eliminar os pagers e criar apenas um número para o qual os funcionários deveriam ligar e solicitar o que precisassem, que então entraria ou não na lista de prioridades. Porém, os pagers eram um símbolo tão poderoso que ninguém queria abrir mão deles. Então, o TI distribuiu celulares, simbolizando o início de um novo processo.

ATIVIDADE

Relacione o símbolo ao hábito que o **coloca em risco**.

	PRÉDIOS SEPARADOS	AÇÃO
	PORTAS FECHADAS	COLABORAÇÃO
	ASSINATURAS	PARTICIPAÇÃO
	SMARTPHONES	COMUNICAÇÃO

Respostas: Portas fechadas = Comunicação; Smartphones = Participação; Assinaturas = Ação; Prédios separados = Colaboração.

Relacione o símbolo ao hábito que **ele promove**.

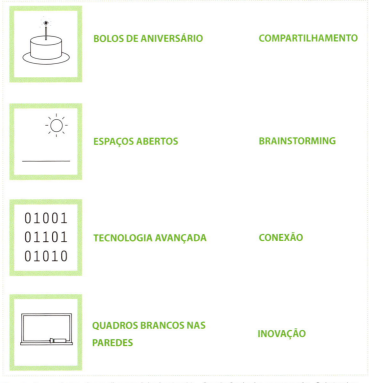

Respostas: Espaços abertos = Compartilhamento; Bolos de aniversário = Conexão; Quadros brancos nas paredes = Brainstorming; Tecnologia avançada = Inovação.

PARTE 7
Comunicação

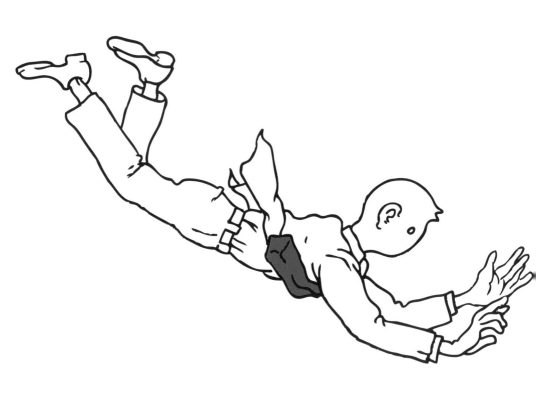

Comunicação para principiantes

O que há de tão especial na comunicação da **mudança**?

A comunicação da mudança deve abordar o estado pouco comum que caracteriza um grupo em transição: o entremeio, a incerteza, a falta de referencial, a saída da zona de conforto, o movimento em direção a um novo lugar.

> "Não é que tenhamos tanto medo da mudança ou que amemos tanto o jeito antigo de se fazer as coisas, mas é esse lugar intermediário que nos assusta... É como estar entre dois trapézios. É como o Linus,[2] quando seu cobertor está na secadora. Não há nada para se segurar."
>
> – MARILYN FERGUSON

---

[2] N. do E.: Linus, personagem das tirinhas do Snoopy, está sempre agarrado a seu cobertor azul.

FUNDAMENTOS DA COMUNICAÇÃO

1. Busque a combinação mágica para cada comunicado.

O público-alvo certo com a mensagem certa.

2. Repita, reitere e reforce.

Estudos mostram que o público precisa vivenciar a mensagem entre sete e dez vezes antes de entendê-la. Não pressuponha que todos estarão prestando atenção nas seis primeiras vezes.

3. Utilize a validação de terceiros sempre que possível.

Não utilize somente suas próprias palavras nos comunicados. Citações de pessoas influentes dão credibilidade instantânea.

4. Utilize exemplos verdadeiros e números reais.

Exemplos e números ajudam a "gravar" a mensagem. Quem não se lembra de "Não é assim uma Brastemp..."? Aposto que você conseguirá completar mentalmente o *jingle* "Lojas Marabraz, preço melhor...".

UM NOVO FUNDAMENTO PARA A COMUNICAÇÃO: EMPURRA E PUXA

Empurrar: O sofrimento de se manter o *status quo*. É a força que pode empurrar as pessoas para um lugar qualquer não definido. O sentimento é algo como "Não quero saber para onde vamos, só me tire daqui!".

Puxar: O prazer de obter ou antecipar um resultado muito esperado. É a força que leva as pessoas para apenas uma direção: a direção que você define. O sentimento é algo como "Eu quero chegar lá!".

Muitas vezes, a comunicação da mudança foca apenas na solução, o que causa desequilíbrio. A solução não faz sentido sem o problema. O problema é o "porquê" e todas as peças de comunicação devem incluir tanto o problema quanto a solução: o empurrão e a puxada.

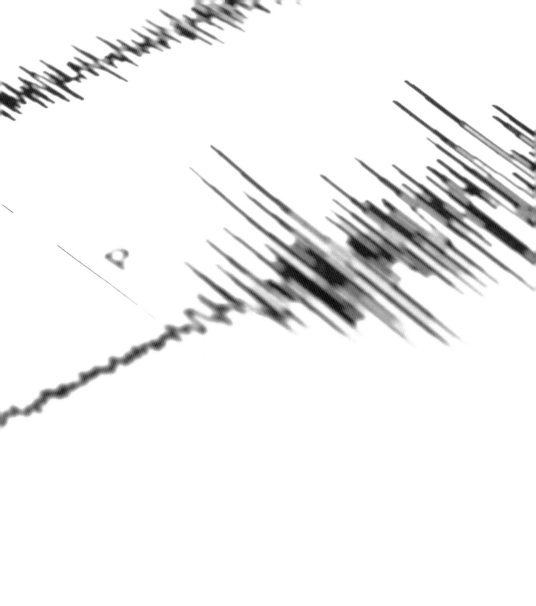

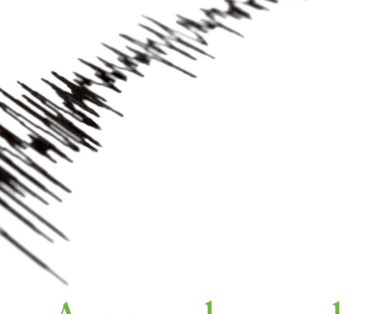

A grande mudança

Desde o lançamento até a implementação do projeto, seu público-alvo muda dos patrocinadores e executivos para os usuários finais. E a sua mensagem evolui do projeto para a solução.

EXEMPLO DE UMA ESTRATÉGIA DE COMUNICAÇÃO PARA PROJETOS DE TI

FASE DE PROJETO

PÚBLICO		PLANEJAMENTO ▶	CONCEPÇÃO ▶
LIDERANÇA ▶	OBJETIVOS DA COMUNICAÇÃO	Conscientizar sobre a mudança. Consolidar apoio ao projeto	Aumentar o entendimento. Aumentar aceitação da solução
	VEÍCULOS	Mensagem do projeto. Apresentação de projeto/argumentos econômicos	Apresentações e reuniões de status. Viagens de demonstração/apresentação do status. Prévia do site do projeto
EQUIPE DE PROJETO ▶	OBJETIVOS DA COMUNICAÇÃO	Engajar e mobilizar a equipe. Alinhar a mensagem do projeto. Garantir o entendimento das funções e responsabilidades	Aproveitar e manter a oportunidade. Garantir o alinhamento entre as equipes e o negócio
	VEÍCULOS	Reuniões de equipe. Mensagem do projeto	Reuniões de equipe. Site do projeto
USUÁRIOS ▶	OBJETIVOS DA COMUNICAÇÃO		Conscientizar
	VEÍCULOS		Rede de superusuários. Site do projeto
TODOS OS FUNCIONÁRIOS ■	OBJETIVOS DA COMUNICAÇÃO		Conscientizar
	VEÍCULOS		E-mail do projeto. Artigo na newsletter. Comunicações em cascata

TESTES ▶	OPERAÇÃO ■
Acalmar as preocupações com a transição Criar a oportunidade para o piloto	Preparar para a operação Defender a solução
Mensagem da solução Demonstração da solução Apresentação do plano piloto	Treinamento Lançamento de atualizações
Superar resistências Criar a oportunidade para o lançamento	Preparar para o lançamento Celebrar e incentivar
Requisitos das funções da equipe de implementação Status do teste Mensagem da solução	E-mail executivo Lançamento de atualizações e dicas Ferramentas de recompensa e reconhecimento
Aumentar o entendimento da solução Aumentar a aceitação do lançamento	Preparar para a operação Incentivar a adoção
Demonstração/treinamento da solução Divulgação do plano de implementação Mensagem dos executivos	Treinamento Reuniões de usuários para a operação Atualizações e dicas dos superusuários
Manter a conscientização	Aumentar o entendimento
Artigo na newsletter voltado para a solução	E-mail de lançamento Reuniões de funcionários Documento das FAQ/PMF

Leve em consideração aquilo que as pessoas precisam ouvir e quando necessitam ouvi-lo. A comunicação deve evoluir à medida que o seu projeto avança.

Não comunicar é um tipo de comunicação

Você tem apenas uma chance para causar uma boa primeira impressão. Eu sei, parece um comercial de xampu dos anos 1970, mas é verdade! Você pode adiar uma mudança de discurso por um bom motivo, mas, se adiar o início da sua comunicação por muito tempo, estará enviando um tipo de mensagem. Você só não nota que está fazendo isso.

POR QUE VOCÊ NÃO ESTÁ SE COMUNICANDO?

❏ Os patrocinadores ainda não estão todos a bordo e você está com medo de dizer algo que os desagrade.

❏ A implementação ainda está muito distante. Você vai "fazer isso mais para frente".

❏ Você ainda não sabe exatamente como será a mudança.

❏ Você não tem pessoal para soltar as mensagens.

❏ Você não quer criar pânico sobre o que pode acontecer.

❏ Você ainda não tem pessoal e não está pronto para as perguntas que aparecerão quando iniciar o assunto.

O QUE VOCÊ COMUNICA
AO NÃO COMUNICAR?

- Há algo a temer.
- O projeto não tem apoio dos patrocinadores ou gerentes.
- A equipe do projeto está mal organizada e mal gerenciada.
- "Eles" não se importam com as consequências disso tudo sobre "mim".
- A mudança pode não acontecer.

O QUE VOCÊ DEVE COMUNICAR
SE AINDA NÃO ESTIVER PRONTO
PARA O GRANDE PONTAPÉ INICIAL?

- Problemas com o *status quo* – razões para mudar.
- Pequenas citações dos executivos patrocinadores sobre os motivos pelos quais a mudança é necessária.
- Artigos com destaque para membros da equipe do projeto.
- A origem do nome da iniciativa.
- Histórias de sucesso de outras organizações que implementaram algo similar.
- Um cronograma geral da mudança.
- Como este projeto está em sinergia com outras iniciativas corporativas.
- Quando você irá compartilhar mais informações.

Mas eu já
disse isso!

"Claro que todo mundo na organização já sabe a respeito *(escolha um)*

- ❏ do nosso novo sistema."
- ❏ da nossa reorganização."
- ❏ do lançamento do nosso produto."
- ❏ do/a nosso/a _____ *(insira o nome da iniciativa aqui)."*

"Eu já disse isso para eles *(escolha um)*

- ❏ na reunião geral."
- ❏ no memorando."
- ❏ pelo site."
- ❏ na conferência externa."
- ❏ naquele e-mail."

"Então por que eles estão *(escolha um)*

- ❏ fazendo tantas perguntas?"
- ❏ fazendo tanto diz-que-me-diz?"
- ❏ ignorando nossas solicitações de informação?"
- ❏ tão despreparados para a mudança?"
- ❏ dizendo que não têm ideia do que está acontecendo?"

Tem ouvido isso por aí?
Qual é a solução?

Repita

Uma vez apenas não é suficiente. As pessoas passam por fases: exposição, conscientização, atenção, retenção e ação. Quando você e sua equipe conseguirem repetir a mensagem de olhos fechados, o seu público estará começando a entender. Então: repita, repita e repita novamente!

Crie camadas

Transmita a mesma informação de diferentes formas. Isso permite a repetição de que você precisa e aumenta as chances de as pessoas gravarem a mensagem. Diferentes pessoas são sensibilizadas por diferentes métodos. Algumas são mais visuais, outras gostam de dados, e outras ainda precisam da interação de uma sessão de perguntas e respostas ou do poder de uma demonstração.

Compartilhe

Deixe que outros transmitam a mensagem a partir de suas próprias perspectivas. Nada é mais eficaz que pontos de vista próprios e histórias humanas. Chame outras pessoas para contar a sua história e levar a mensagem adiante. Além disso, terceiros também conferem maior credibilidade ao seu projeto.

Teste

Não pressuponha que as pessoas já sabem; descubra. Peça aos gestores ou agentes da mudança que perguntem às pessoas o que elas sabem a respeito da iniciativa. Comece uma das suas sessões informativas com um *quiz*. Peça que as pessoas escrevam o que entendem ser a finalidade do projeto ou os rumores mais absurdos que ouviram a respeito dele. Colete dados em seu website ou nos e-mails para descobrir quem está visitando ou lendo as mensagens. Então você saberá qual é a sua situação atual.

Esteja disposto a dizer as coisas difíceis

A maioria das mudanças são acompanhadas por notícias boas e ruins

Boas notícias

- O negócio está em ascensão.
- Mais eficiência.
- Resposta a uma crise ou às condições de mercado.
- Melhores resultados.
- Melhor remuneração.
- Mais segurança no emprego.
- Melhor relacionamento com os clientes.
- Ambiente de trabalho mais agradável.

Más notícias

- Reorganização.
- Novas habilidades a serem aprendidas.
- Novas prioridades.
- Possíveis demissões.
- Maior carga de trabalho no curto prazo.
- Períodos de confusão e incerteza.
- Perda de processos e sistemas já conhecidos.

Dar boas notícias é fácil. As más notícias é que são o problema.

POR QUE DAR MÁS NOTÍCIAS?

Porque o desconforto é um catalisador para a mudança.

Seu público-alvo irá entender melhor a necessidade de mudança. Com maior clareza, será mais provável que a mudança receba maior apoio e menor rejeição.

Por iniciativa própria, as pessoas tomam melhores decisões quando estão bem-informadas.

Credibilidade gera confiança. A confiança lhe ajuda a conseguir que o público-alvo faça o que for necessário para dar apoio ao projeto.

Informações exatas combatem a falta de informação e minimizam rumores e distrações, deixando claro que a sua equipe tem as respostas.

É a coisa certa a se fazer. Além do mais, é honesto e justo. As pessoas merecem estar informadas sobre as mudanças que afetarão sua vida profissional.

Não queremos reações negativas, não queremos descontentamento, resistência ou desistências. Então, por que não podemos focar apenas nas boas notícias?

A maior parte das pessoas percebe se uma notícia é tendenciosa ou positiva demais. Torne os esforços de comunicação confiáveis sendo objetivo e verdadeiro.

Pegadinhas da comunicação

QUANDO

Ainda é cedo demais? Você está falando sobre coisas que ainda não estão certas? Já é tarde demais? As pessoas já tiraram suas conclusões e seguiram em frente sem você? O seu *timing* está ruim?

Uma mensagem enviada logo antes do final de semana ou de um feriado cairá no limbo. E se você não coordenar sua comunicação com os outros principais eventos organizacionais, sua mensagem ficará ofuscada. Bônus, demissão, férias ou mudança de sistema podem enterrar sua notícia a sete palmos.

ONDE

Você está perdendo as oportunidades? Quais são os eventos que acontecem regularmente para o seu público-alvo? Reuniões? Atualizações por e-mail? Sites?

Você está considerando todas as opções? Onde as pessoas ficam quando dão uma pausa no trabalho? Há uma sala de convivência? Uma academia da empresa? Salas de estar? Esteja onde eles estão e leve sua mensagem até eles.

COMO

O seu método combina com o público-alvo? Cartazes não servem para funcionários que trabalham remotamente. Blogs, sites e salas de bate-papo não têm utilidade alguma para trabalhadores do chão de fábrica.

As ferramentas existentes funcionam? Caso não funcionem, crie novas ferramentas – mesmo que seja apenas durante o projeto.

Você está apostando alto demais nos métodos já existentes? As pessoas leem a newsletter? Quantas visitas o site recebe por dia? Descubra a eficácia dos canais.

QUEM

Você está usando a mensagem adequada? Nem todo executivo é respeitado pelo seu grupo de stakeholders ou tem a atenção deles. Sua mensagem é atraente e carismática? É capaz de influenciar as pessoas?

Seu público-alvo é composto por quantas pessoas? Onde estão localizadas fisicamente? Qual é sua disposição, seus interesses e quais são as coisas que detestam? Utilize essas informações para criar conexões.

Você está usando os níveis certos? Comece com o público-alvo desejado: quem é o gestor deles? Quem os lidera? Em quem eles confiam? Faça um mapa do seu público-alvo para garantir que cada grupo receba a mensagem adequada.

O QUÊ

O que você está divulgando é relevante para o seu público-alvo? Muitas vezes, os patrocinadores querem divulgar uma estratégia ou visão que é exagerada, "fofa" demais e inadequada para o público-alvo. Pense no seu público, imagine o que eles querem saber, e só então decida o que dizer a eles.

A divulgação é a solução mais adequada? Pense no objetivo final dos esforços de comunicação. Se o que você espera é uma mudança no hábito ou nas habilidades de trabalho, talvez você deva considerar uma solução voltada ao treinamento ou ao aprendizado.

PARTE 8
Oportunidade

O momento
da virada

Para que a mudança aconteça, devemos envolver pessoas na organização. Mas quem? Quantas?

Primeiro, defina o seguinte:

Massa crítica: percentual da organização que deve agir para que a nova direção seja seguida. São 20%? 50%? Devemos envolver todos os departamentos? Todos os níveis?

Quem são aqueles que dão a energia necessária para a mudança. Stakeholders externos? Quem são os influenciadores? Quem pode estar em um bolsão de resistência?

> **SE A MASSA DA ORGANIZAÇÃO ESTIVER CRIANDO O PLANO DE MUDANÇA, QUAL É O PAPEL DO GESTOR DA MUDANÇA? ELE É O TÉCNICO DO TIME E O FACILITADOR, A PESSOA QUE ACOMPANHA A EQUIPE AO LONGO DO PROCESSO DE EXECUÇÃO DO PLANO.**

NÃO HÁ APENAS UMA RESPOSTA CERTA: TUDO DEPENDE DA NATUREZA DA ORGANIZAÇÃO

EXPERIMENTE ESTES MÉTODOS:

- Faça um brainstorming com algumas pessoas-chave, que conhecem a organização a fundo e entendem a mudança.
- Use apoios visuais. Crie um mapa das pessoas e dos departamentos na organização, identificando os alvos para envolvimento na mudança. Você está cobrindo as áreas certas? Há pessoas que você faz questão de que estejam a bordo? Todos os grupos impactados estão sendo representados?
- Analise as iniciativas anteriores. Quem estava envolvido? Como aconteceu? Quais foram as lições?

Digamos que você tenha determinado que será necessário envolver 25% dos funcionários para criar uma oportunidade e mover a organização adiante. Quem são os melhores defensores da mudança em cada grupo de stakeholders? Escolha representantes que cubram todas as áreas-chave.

SEUS RESULTADOS

Essas são as pessoas que devem participar ativamente no desenvolvimento da solução para a mudança.

Coloque-as na mesma sala, ao mesmo tempo, debruçadas sobre os mesmos problemas. Todas juntas, elas irão:

- Desenvolver a curva da mudança.
- Apoiar e dar suporte técnico umas às outras.
- Corrigir os detratores barulhentos.
- Desenvolver uma solução que realmente funciona no seu contexto.

Ao final, quando elas saírem, terão um entendimento compartilhado da mudança desejada.

Um grande órgão governamental estava prestes a implementar um novo sistema de TI com um impacto previsto em mais de 50 unidades distribuídas nos mais variados lugares dos Estados Unidos e envolvendo aproximadamente 60 mil funcionários. Seria, também, uma mudança considerável na forma de trabalho do órgão.

A estratégia de mudança: eles identificaram representantes em todos os níveis em cada unidade (cerca de 1.500 pessoas, ao todo) para participar de workshops sobre o plano de mudança com duração de três dias, 200 pessoas por vez. As pessoas trabalharam em pequenos grupos e, por meio de um processo com facilitadores, criaram planos e compartilharam ideias que melhoraram ainda mais as estratégias de mudança. Ao final, toda a organização tinha uma visão clara e sólida do que deveria ser feito e de como deveria acontecer.

Cinco grandes empresas nas áreas de TI e segurança realizaram uma fusão e centralizaram seus processos administrativos de recursos humanos. O grupo resultante consistiu de 100 pessoas representando todos os níveis e todas as empresas envolvidas no formato final para criar um serviço compartilhado que funcionasse para todas elas. O grupo se reuniu ao longo de três dias e, por meio de sessões de trabalho com facilitadores, criou um novo formato para a organização que incluiu os grandes processos de trabalho, uma análise de impacto e um plano inicial de implementação.

O resultado? Todos chegaram a um acordo sobre as funções, responsabilidades e operações que poderiam ser refinadas com iteração mínima.

Histórias reais

Para saber mais, veja:
Dannemiller, Kathleen D. & Jacobs, Robert W.
"Changing the Way Organizations Change: A Revolution of Common Sense."
Em *The Journal of Applied Behavioral Science,* 28, nº 4, 1992, pp. 480-498.

Não tenha medo de envolver a massa

POR QUÊ?

A massa sabe das coisas. Utilize o poder dos grandes grupos para responder a perguntas, mostrar os furos no plano, questionar as premissas e identificar formas de superar barreiras.

Ela se apropria da coisa toda. Quando as pessoas sentem que foram ouvidas, há maior possibilidade de que elas abracem a solução, mesmo que não concordassem com ela no início.

Gera uma oportunidade. Quando você envolve um grande grupo de pessoas de uma só vez, todas saem do lugar com um entendimento compartilhado. Elas irão falar sobre isso com seus amigos, e isso significa que você mobilizou adequadamente a organização.

 Importante lembrar que não comunicar também é comunicar: pág. 147

173

A psicologia
do endosso

Somos programados para a autopreservação e, portanto, *experts* em avaliar se uma nova estratégia, produto, tecnologia ou habilidade ameaça ou melhora nossas possibilidades de sobrevivência.

Não endossaremos a novidade até saber que ela é segura.

Os gestores da mudança devem criar um local psicologicamente seguro desenvolvendo o sucesso tão cedo quanto possível e com frequência. Devem apresentar evidências que as pessoas possam ver e utilizar para construir uma história positiva e convincente.

Para todos os grupos de stakeholders:

- Identifique as intervenções que irão fornecer elementos positivos.
- Distribua todas as intervenções em um cronograma.
- Faça com que elas aconteçam para orquestrar o sucesso.

O QUE É PRECISO PARA QUE UMA EXPERIÊNCIA SEJA POSITIVA?

Familiaridade

Faça com que todos saibam como será a mudança. Utilize comparações e experiências em primeira mão. Uma excelente forma de tornar a mudança "amigável" é fazer uma comparação com algo que o stakeholder conhece e considera seguro.

Exemplo | Para uma grande reorganização, compare com uma outra empresa que conseguiu se reorganizar com sucesso. Tudo bem que seja uma comparação com uma empresa de outro segmento. Quando uma grande empresa farmacêutica decidiu implementar um novo processo de qualidade, eles escolheram a Apple como empresa para comparação.

Para criar uma experiência em primeira mão, dê oportunidades para que os stakeholders "brinquem" com a mudança. Crie simulações operacionais para que as pessoas sintam o gostinho de como serão os novos processos de trabalho. Capture as telas do novo sistema em operação e mostre-as para as pessoas. Deixe-as praticar e corrigir erros. Isso deixa os stakeholders mais à vontade e cria um padrão psicológico de desempenho que será muito útil quando chegar a hora.

Controle

Permita que as pessoas tomem decisões dentro da experiência de mudança. Embora algumas partes possam não ser negociáveis, geralmente há tarefas ou entregas que podem receber contribuições dos stakeholders. Se isso realmente não for possível, o simples fato de disponibilizar informações ou um cronograma mostrando quando os fatos estarão disponíveis já fornece o mesmo tipo de alívio.

Sucesso

Em vez de um "Big Bang", prepare uma mudança "em doses homeopáticas". Escolha alguns elementos de baixo risco na solução final para compartilhar com os stakeholders. Apresente esses elementos periodicamente e em pequenas doses até o início do funcionamento. Primeiro mostre uma interface de usuário. Então mostre alguns relatórios consolidados. Finalmente, mostre um ambiente de teste, para que os stakeholders possam praticar. Tenha certeza de que incluiu oportunidades para discussão e feedback com a equipe do projeto. A cada evento, você notará que tem mais e mais apoio para o evento seguinte. E se tudo correr de acordo com os planos, a transição em si será tão natural que nem será lembrada.

EXEMPLO DE CONTROLE

DURANTE UMA DETERMINADA GRANDE FUSÃO, AS DEMISSÕES EM UMA DAS PRINCIPAIS EMPRESAS DE SEGURANÇA NÃO ERAM NEGOCIÁVEIS. ENTRETANTO, A EMPRESA GEROU UM SENSO DE CONTROLE AO DISPONIBILIZAR "PLANOS PESSOAIS DE MUDANÇA", COM RECURSOS QUE AS PESSOAS PODERIAM USAR PARA DETERMINAR SEUS PRÓXIMOS PASSOS. ELES TAMBÉM TRAZIAM OPÇÕES DE TREINAMENTO, DESCRIÇÕES DE VAGAS EM ABERTO, ORGANOGRAMAS ATUALIZADOS, CRONOGRAMAS, CONTATOS INTERNOS E UMA PLANILHA PARA PLANEJAR OS "PRÓXIMOS PASSOS".

Emoção: faz parte da história

"Iremos lançar um novo produto, o suco de cenoura, em outubro. O treinamento será disponibilizado este mês. Alguma pergunta?"

-OU-

"Cinquenta anos atrás, nós éramos **os únicos fornecedores na cidade**. Nossos fundadores chegaram aqui na Califórnia buscando o local perfeito para plantar cenouras, e perceberam que Bakersfield oferecia uma oportunidade imperdível: um clima perfeito, um solo fértil e uma força de trabalho muito inteligente e determinada. Como vocês bem sabem, nossos fundadores se estabeleceram e criaram o mercado. E nós dominamos esse mercado ao longo de 50 anos extremamente produtivos.

Mas então **o mercado deu uma guinada**. Um concorrente se estabeleceu a 25 km de nós, baixou os preços e abocanhou uma fatia do mercado. Nossos consumidores começaram a nos abandonar e nossos empregos ficaram ameaçados. Três anos atrás, entendemos que era necessário fazer alguma coisa para que nossa empresa continuasse aberta e funcionando.

Então começamos a **diversificar nosso negócio**. Primeiro, criamos as cenourinhas baby: esculpimos minicenouras para atender o mercado de conveniência para crianças, aperitivos e entretenimento. Então criamos o segmento de mercado orgânico. Começamos a vender cenouras a granel, com as folhas, o que reduziu os custos com embalagem e agradou os consumidores, que buscavam uma experiência mais parecida com uma feira de rua.

Agora estamos prontos para lançar **mais um novo produto no mercado**: o suco de cenoura! Esse produto é uma expansão natural da nossa marca, tem um prazo de validade mais longo, o que maximiza nossa capacidade de distribuição e reduz nossos estoques. Além disso, também aumenta nossa base consumidora incluindo, além daqueles que têm fome, agora também aqueles que têm sede! O suco utiliza os estoques que provavelmente não conseguiríamos vender. Resumindo, este produto altamente rentável continua a garantir a estabilidade de nossa empresa e de nossos empregos, garantindo o futuro de nossos filhos e netos.

Obviamente, com um novo produto, **será necessário aprender sobre ele**: como comercializar, como produzir e como fazer com que ele chegue até nossos consumidores. Começaremos a apresentar os novos processos para todos a partir da próxima quinta-feira."

Qual tem maior impacto?
Ambos chegam às mesmas conclusões, mas o segundo exemplo toca nas emoções das pessoas.

As emoções fortalecem o aprendizado e estimulam a mudança. São uma ferramenta poderosíssima. Os fatos entram por um ouvido e saem pelo outro, mas, quando estão ligados a emoções, é muito mais provável que se tornem memórias. É por isso que os políticos citam cidadãos comuns como personagens em seus discursos, e é por isso que você provavelmente lembra a marca e o modelo do seu primeiro carro. Tais mensagens e fatos, quando inseridos em um contexto emocional, permanecem com o ouvinte. Se as pessoas da organização associam a mudança com emoções fortes e positivas, nada poderá impedir essa mudança.

Então qual é a melhor forma de engajar as pessoas emocionalmente?

Conte uma história envolvente.

As histórias captam nossa atenção porque nos emocionam. E se uma história começa a ser recontada, então ninguém segura!

Siga a metodologia.

É possível contar histórias repetidamente com sucesso. Com a licença dos contadores profissionais de histórias e de Gustav Freytag, é assim que se faz:

1	**Defina a moral da história.** O que você quer provar?	Precisamos lançar um novo produto: o suco de cenoura. O novo produto será muito bom para todos nós.
2	**Identifique o herói (protagonista) e o que ele deseja.** Somos atraídos por pessoas reais, especialmente pelos apaixonados, obcecados e que não são perfeitos (obs.: você pode imaginar o herói como sendo a empresa).	Herói – nossos fundadores e nossa empresa. Desejo – plantar e vender cenouras.
3	**Defina os conflitos que o herói deve superar para conseguir o que ele quer.** Tais conflitos devem começar pequenos e crescer exponencialmente. A velocidade com que eles acontecem determina o ritmo e o interesse do seu público.	Conflito – guinada no mercado. Conflito – novo concorrente. Conflito – clientes nos abandonam, empregos são ameaçados.
4	**Defina o clímax.** O clímax é a decisão que o herói deve tomar em um momento irreversível. O herói não pode retornar ao *status quo*.	Diversificação!
5	**Descreva o resultado.** Como a história se resolve.	Cenourinhas baby, cenouras orgânicas e, agora, o suco.
6	**Chamado para ação.** Ok, isso não faz parte exatamente do ato de contar histórias, mas é usado para criar uma oportunidade de mudança. Agora que todos estão engajados emocionalmente, chame todos para a ação!	Faça o treinamento!

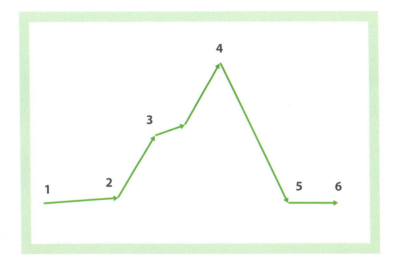

O ato de contar histórias envolve ritmo e emoção. É preciso envolver as pessoas. Se você criar uma boa história sobre a sua mudança, você irá conquistar os corações de todos na organização e fará com que eles prestem atenção e estejam motivados para seguir adiante.

Faça um mapeamento

Para coordenar a mudança, o ritmo é fundamental. Um "mapa da mudança" pode lhe ajudar a garantir que as pessoas tenham as experiências certas no momento certo: nenhum grupo de stakeholders fica de fora e ninguém fica sobrecarregado. Também é fundamental organizar os esforços da sua própria equipe.

UM MAPA DA MUDANÇA PODE AUMENTAR O CONHECIMENTO SOBRE O PROCESSO.

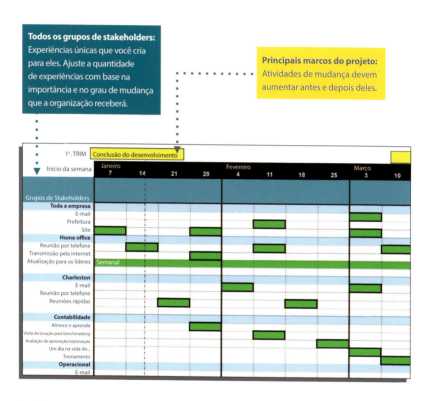

▶ 3 de março é uma semana ruim. A equipe do projeto vai conseguir lidar com isso?

▶ Analise a experiência dos stakeholders. Algum deles está sobrecarregado? Parece adequado, considerando tudo mais que cada um dos grupos de stakeholders estará vivenciando?

Os stakeholders se cansam

E quando eles se cansam...

SEM DEMORA

Cientistas comportamentais que estudam pessoas em férias descobriram que, na realidade, nós não gostamos de férias longas demais. Após um curto período de tempo, nós nos acostumamos com as férias e passamos a valorizar menos tudo aquilo. Nós gostamos de imaginá-las e de nos recordar delas, mas apenas conseguimos nos lembrar das experiências especialmente intensas – boas ou más. Também nos lembramos de quem estava conosco nas férias.

IMAGINAR

COMPANHIAS

INTENSIDADE!

Além do mais, nossa alegria é ainda maior quando as férias são interrompidas pela "vida normal" e em seguida podemos retornar ao divertimento e ao lazer. Portanto, o ideal é combinar uma experiência intensa (pico) com uma interrupção (fim) para fragmentar as férias (partições).

UM FORMATO QUE SEJA INTENSO E NÃO MUITO LONGO, COM INTERVALOS

É possível argumentar que a mudança organizacional não é nenhuma festa – muito menos férias. Entretanto, esses princípios podem ajudar a criar uma experiência de gestão de mudanças para seus stakeholders. Busque incluir os seguintes fatores:

- Imaginar como será.
- Intensidade.
- Pontos altos.
- Intervalos e prazos.
- Novidade e variação (a novidade favorece a "intensidade", e a variação cria "intervalos").
- Interação em grupo (no qual as pessoas já se gostam).

> A NOÇÃO DE EXPERIÊNCIAS COM UM FINAL "PARA CIMA" TEM IMPLICAÇÕES INTERESSANTES EM TREINAMENTOS. OS PARTICIPANTES PODEM TER UMA EXPERIÊNCIA MELHOR COM TREINAMENTOS MAIS CURTOS E PERIÓDICOS DO QUE EM UMA VIAGEM DE SEIS SEMANAS ISOLADOS EM UM HOTEL.

Para saber mais, veja:
Bennett, Drake.
"The Best Vacation Ever." Em *The Boston Globe*, Boston, MA, 20-06-2010. Disponível em http://www.boston.com/bostonglobe/ideas/articles/2010/06/20/the_best_vacation_ever. Acesso em 02-03-2015.

PARTE 9
Avaliação

Se uma "mudança" aconteceu no meio de uma floresta e ninguém a avaliou, ela realmente aconteceu?

Altos executivos e patrocinadores do projeto normalmente querem saber se a mudança teve êxito.

Como é possível saber? Porque você não estourou o orçamento? Pela calmaria que veio após a tempestade? Pense melhor.

Durante a fase de planejamento

O QUÊ? | Negocie a definição de "êxito". Ela será o seu parâmetro.

COMO? | Negocie as métricas que você utilizará e como você irá coletar e analisar os dados.

QUANDO? | Crie pontos intermediários para avaliação. Avalie o tempo para medição e reação aos resultados.

FASE DE PLANEJAMENTO

O QUÊ? | Negocie a definição de "êxito". Ela será o seu parâmetro.

O que devemos avaliar?

- ◆ Tenha como referência a missão, o estatuto do projeto e os argumentos econômicos. O que eles dizem a respeito dos seus objetivos e sobre o seu sucesso?

- ◆ Avalie o apoio, a eficiência e o desempenho da equipe.

- ◆ Avalie o avanço na direção dos objetivos de negócios.

- ◆ Avalie como foi a viagem nessa estrada esburacada. Pense em como você aplacou a disrupção na sua organização, reduziu a resistência e o que os rumores diziam a respeito do êxito do projeto.

- ◆ Finalmente, avalie os hábitos que levam aos seus resultados desejados.

COMO? | **Negocie as métricas que você utilizará e como você irá coletar e analisar os dados.**

Como devemos avaliar?

- Colete dados qualitativos e quantitativos. Você pode utilizar diversas ferramentas, entre elas:
    - Pesquisas, grupos focais e entrevistas.
    - Observação, para registrar os novos hábitos desejados.
    - Dados que você já está coletando, tais como acompanhamento de risco e de problemas e desempenho do sistema.
    - KPIs e métricas em geral.
    - Marcos do projeto, finanças, horas trabalhadas e orçamento.

- Colete informações de base para comparação, e faça a medição mais vezes.

- Não ignore seus instintos. Se você e seus líderes de projeto acreditam que alguma coisa está indo muito bem (ou muito mal), você provavelmente tem razão.

QUANDO? | **Crie pontos intermediários para a avaliação. Avalie o tempo para medição e reação aos resultados.**

Quando devemos avaliar?

♦ Identifique pontos de verificação, tais como:
- Informações preliminares.
- Após o final de cada estágio.
- Após o lançamento ou início das novas atividades.
- Após três meses.
- Após seis meses.

♦ Inclua o tempo de avaliação e suas responsabilidades no plano de trabalho.

♦ Planeje a comunicação vertical e horizontalmente. O seu objetivo é a maior transparência possível, sem surpresas.

♦ Resolva quaisquer problemas e desenvolva planos de ação. Lembre-se de também incluir esses aspectos no plano do projeto.

Por que devemos avaliar

- Para celebrar o sucesso.

- Para corrigir o curso de ação, quando necessário.

- Para explicar os resultados dos negócios e o desempenho.

- Para elaborar uma história completa da mudança, melhorando a satisfação dos membros da equipe, e construir a memória institucional.

- Para utilizar os dados na análise de desempenho de membros da equipe.

- Para justificar futuros investimentos e iniciativas.

- Para compilar as "lições que aprendemos" e melhorar os projetos de mudança no futuro.

A dura realidade sobre a avaliação

Todos falam sobre ela, mas ninguém quer fazer. Por quê?
Porque:

1. É difícil, você tem que justificar a causalidade. Como é possível ter um grupo de controle e intervenções em um sistema humano de desempenho?
2. Alguém pode sair mal na foto – e até mesmo ser despedido. Corporações não gostam muito do fracasso. Por que arriscar?
3. É muito caro, caso você faça do jeito certo.

Recomendamos identificar um item entre os argumentos econômicos, algo que tenha grande impacto e seja mais fácil de se fazer. Então, direcione os esforços de mudança para esse item. Avalie o item cuidadosa e lentamente. Avaliação é um santo remédio, mas, neste ponto, é apenas uma informação solta.

PACE: avalie seu ritmo

O processo e os resultados da avaliação têm enormes implicações.

PUBLICAÇÃO

É possível enviar os resultados para a organização ou manter essas informações apenas entre a equipe e a gestão.

- Avalie o impacto para a motivação das pessoas: resultados podem ser complexos e multifacetados. Pode ser que alguns grandes benefícios não sejam muito atraentes no curto prazo. Se os dados não indicam uma vitória clara e óbvia, será que a organização terá a impressão de que seus esforços foram em vão?
- Seja gentil com todos que fornecem dados. Algumas informações podem ter sido compartilhadas sob a premissa da confidencialidade: não inviabilize esforços futuros de avaliação traindo seus amigos. Alguns daqueles que contribuíram irão esperar um relatório final como resultado das informações que forneceram. Um resumo de cortesia, ainda que distribuído para todos, é um gesto de gentileza.
- Tenha a habilidade de agir a partir dos fatos. Esteja preparado para ouvir "E agora, o que faremos?". Se os resultados indicam problemas ou oportunidades, considere a apresentação de resultados lado a lado com os próximos passos a serem trilhados.

ACORDOS

A gestão deve estar alinhada sobre o que fazer com os resultados antes da coleta de dados. Reações imprevistas podem confundir a organização.

- É um casamento ou um enterro? Os líderes devem estar seguros em sua interpretação e na apresentação dos resultados. Quando chegar o momento, eles devem saber como se sentiram sobre os resultados e como gostariam que as pessoas se sentissem. Se as mensagens não estiverem sustentadas por avaliações, ou se as pessoas sentirem diferentes "recados" dos diversos líderes, isso terá um impacto negativo no sentimento de realização e no empoderamento.
- Honre quaisquer promessas implícitas. A liderança prometeu algo como resultado da iniciativa para a organização ou para os clientes internos ou externos? O que os resultados mostram sobre tais promessas?

- Leve isso para dentro da sala de reuniões. Os líderes devem decidir, muito especificamente, que grupos irão adotar quais ações com base nos resultados das avaliações.
- E lá vamos nós mais uma vez: como será a receptividade para os planos de resolução abordando o que as avaliações apontaram? Será um novo projeto? Será mais uma de infindáveis iniciativas? Você quer pedir que as mesmas pessoas dediquem seus esforços mais uma vez? O anúncio dos próximos passos será empoderador ou exaustivo?

CONSEQUÊNCIAS

O único objetivo possível era a vitória inequívoca? Ou a organização está disposta a celebrar e reafirmar resultados mistos? Como você quer que a organização receba a sua próxima iniciativa?

- Se a equipe for punida pelos maus resultados, ninguém irá arriscar ser transparente novamente.
- Se a equipe for ignorada após a coleta dos dados, eles ficarão se perguntando por que se deram ao trabalho de fazer tudo aquilo.
- Se o objetivo é criar uma "organização voltada ao aprendizado", todos devem celebrar o processo de aprendizado, independentemente do resultado.

ENERGIA

Corpos em repouso tendem a permanecer em repouso, corpos em movimento tendem a permanecer em movimento. Projetos também têm sua inércia natural. Para capitalizar em cima disso, planeje com antecedência. Pense desde o início que tipo de energia será necessário lá no final, e escolha o que fazer e o que não fazer – aproveite o momento! Uma resposta requer recursos, tempo, pessoas e disposição, que são a base da mudança ao longo do tempo. A energia concretiza tal resposta.

P   **PUBLICAÇÃO**

A   **ACORDOS**

C   **CONSEQUÊNCIAS**

E   **ENERGIA**

SOBRE AS AUTORAS

Trish Emerson tem uma longa carreira na área de mudança organizacional. Sua paixão é ajudar a melhorar o valor do bem mais valioso de seus clientes – as pessoas. Trish é tão apaixonada por sua área de atuação que decidiu montar seu próprio negócio: a Emerson Human Capital Consulting, Inc. (EHC). Desde 2001, a EHC fornece às organizações soluções criativas que apresentam resultados concretos.

Trish gasta seu tempo livre cuidando de sua casa em estilo vitoriano na cidade de Alameda, na Califórnia (EUA), com seu marido – enquanto dá atenção para seu filho, seu intrépido gato e um fluxo constante de amigos que os visitam.

Mary Stewart adora conversar sobre mudanças. Anteriormente, ela trabalhava como consultora de mudanças em uma das cinco grandes empresas de consultoria, mas hoje ela se considera escritora e comunicadora. Ela encontrou seu caminho ajudando a Emerson Human Capital chegar até os clientes e o mercado de consultoria. Ela ajuda a preparar as mensagens para os clientes, cuida da imagem e do branding da EHC e mantém a linha de comunicação do negócio.

Mary ama seu trabalho, mas suas verdadeiras paixões são seus três filhos, o tempo dedicado a encontrar e dar comida para seus dois gatos misteriosos, e o tempo que passa com sua família em Oak Park, no estado de Illinois (EUA).

Este livro foi composto com as fontes Myriad Pro Light e Bold,
impresso em papel couché fosco 120 g/m^2 no miolo e cartão supremo 250 g/m^2 na capa,
nas oficinas da Intergraf Indústria Gráfica Eireli., em maio de 2015.